सूर पदावली

इस श्रृंखला की पुस्तकें

सूर पदावली

वाग्देव

प्रकाशक

प्रभात प्रकाशन प्रा. लि.

4/19 आसफ अली रोड, नई दिल्ली–110002

फोन : 23289777 • हेल्पलाइन नं. : 7827007777

इ–मेल : prabhatbooks@gmail.com ❖ वेब ठिकाना : www.prabhatbooks.com

संस्करण

2026

पेपरबैक मूल्य

तीन सौ रुपए

मुद्रक

नरुला प्रिंटर्स, दिल्ली

SOOR PADAWALI
by Shri Vagdev

Published by **PRABHAT PRAKASHAN PVT. LTD.**
4/19 Asaf Ali Road, New Delhi-110002

ISBN 978-93-5048-039-7

₹ 300.00 (PB)

अपनी बात

कृष्ण-भक्ति शाखा के कवियों में महाकवि सूरदास का नाम शीर्ष पर प्रतिष्ठित है। अपनी रचनाओं में उन्होंने अपने आराध्य भगवान् श्रीकृष्ण का लीला-गायन पूरी तन्मयता के साथ किया है। उनके काव्य में सत्यनिष्ठ, एकांगी और एक समर्पित भक्त की भावना का साक्षात् अवलोकन किया जा सकता है। उनके काव्य में भावना के चरमोत्कर्ष के दर्शन पग-पग पर होते हैं। शायद तभी कहा भी गया है—

सीता के राम, राधा के श्याम।
मीरा के गिरधर नागर, सूर के घनश्याम।।

घनश्याम सूर के रोम-रोम में बसते हैं। गुण-अवगुण, सुख-दुःख, राग-द्वेष, लाभ-हानि, जीवन-मरण—सब अपने इष्ट को अर्पित कर वे निर्लिप्त भाव से उनका स्मरण-सुमिरन एवं चिंतन-मनन करते रहते हैं। और इस प्रकार वे भौतिक, सांसारिक और आध्यात्मिक—तीनों प्रकार के कष्टों से मुक्त रहते हैं। अपने ग्रंथों में सूरदासजी ने संसार को यही संदेश दिया है। उन्होंने बार-बार इस बात पर जोर दिया है कि मनुष्य-जीवन बहुत मूल्यवान् है, इसे सत्कर्मों में लगाएँ, प्रभु-स्मरण में लगाएँ। इस तरह जीवन-मृत्यु के चक्र से मुक्ति मिल सकती है। वरना यह कीमती जीवन व्यर्थ चला जाएगा।

स्पष्ट है, सूरदासजी मनुष्यमात्र के कल्याण की भावना से ओतप्रोत रहे। यही कारण है कि उनका काव्य जन-कल्याण की भावना से भरा पड़ा है। उनके अप्रत्यक्ष उपदेशों का अनुकरण करके हम अपने जीवन को दैवी स्पर्श

से आलोकित कर सकते हैं—इसमें कण मात्र भी संदेह नहीं है। प्रस्तुत पुस्तक में सूरदासजी के ऐसे दैवी पदों को संकलित किया गया है, जिनमें जन-कल्याण का संदेश स्थान-स्थान पर पिरोया गया है।

पुस्तक में सूरकृत 'विरह पदावली', 'श्रीकृष्ण बाल-माधुरी' और 'राम चरितावली' के प्रमुख पदों को सरल भावार्थ सहित प्रस्तुत किया गया है, जिससे कि सामान्य पाठक भी उन्हें सरलता से ग्रहण करके आनंदित हो सकें।

विषय-सूची

सूरदास का जीवन-चरित्र

महात्मा सूर हिंदी साहित्याकाश के उज्ज्वल नक्षत्र हैं। इन महात्मा का प्रामाणिक एवं क्रमबद्ध जीवन-वृत्त कहीं भी लिपिबद्ध प्राप्य नहीं है। इसके कई कारण हैं। प्रथम कारण तो यह है कि हमारे देश के महात्मा और विद्वान् इतने उदार हृदय थे कि उन्हें केवल काम की चिंता थी, दाम और नाम की नहीं। द्वितीय, उनमें दूसरे देशों के विद्वानों की भाँति जीवन की छोटी-मोटी घटनाओं को अतिरंजकता के साथ सँजोने की प्रवृत्ति नहीं थी। अत्यंत नम्र होने के कारण ये तत्त्वदर्शी महात्मा अवतारों एवं महापुरुषों की जीवनगाथा गाते थे और अपने स्व को उन्हीं के चरणों में इस प्रकार समर्पित कर देते थे कि उनके गौरवमय जीवन के सामने अपने क्षुद्र जीवन के विज्ञापन की तनिक भी आवश्यकता नहीं समझते थे। अतः खोजक को अनुमान का कच्चा धागा लेकर अंधकार में चलना पड़ता है, जिसके टूट जाने पर कभी वह पथभ्रष्ट हो जाता है।

इस प्रकार के महात्माओं के जीवन-वृत्त के लिए, जिन्होंने न अपनी आत्मकथा ही लिखी है और न जीवनी ही लिखी है, केवल अंतर्साक्ष्य और बहिर्साक्ष्य ही प्रामाणिक आधार हो सकते हैं। बहिर्साक्ष्य से अंतर्साक्ष्य अधिक प्रामाणिक होते हैं। अतः पहले अंतर्साक्ष्य पर ही विचार कर लेना चाहिए।

सूरदास ने अनेक दृष्टि-कूट लिखे हैं। 'साहित्य-लहरी' में भी उन्होंने एक पद द्वारा अपने जीवन का परिचय दिया है। इस पद के अनुसार सूरदास ब्राह्मण थे। उनके वंश के आदि पुरुष का नाम 'ब्रह्मराज' था, जिसे सरस्वती ने दूध पिलाया (ज्ञान दिया) था। इसी वंश में महाकवि चंद हुए, जो सम्राट् पृथ्वीराज चौहान के राजकवि, प्रधानमंत्री और पुरोहित थे। पृथ्वीराज ने उन्हें

ज्वाला देश (काँगड़ा) दान में दिया था। चंद के चार पुत्र हुए। सूर के पिता वीर हुए, जो आगरा के पास गोपाचल में रहते थे। सूर के सात भाई थे, जो वीर और गंभीर थे। सूर के छह भाई सिकंदर लोदी से युद्ध करते हुए स्वर्गवासी हो गए। सूर के जन्म का नाम सूरजचंद था। नेत्रहीन होने के कारण ही सूरदास युद्ध में भाग नहीं ले सके। कहते हैं कि एक दिन वे कुएँ में गिर पड़े और सातवें दिन भगवान् श्रीकृष्ण ने उन्हें कुएँ से निकाला और अपने दर्शन करवाते हुए वर माँगने को कहा। सूरदास ने उनसे यह कहकर नेत्रहीन बने रहने को कहा कि 'जिन आँखों से मैंने घनश्याम के दर्शन किए हैं, उनसे कुछ और न देखूँ।' श्रीकृष्ण 'तथास्तु' कहकर अंतर्धान हो गए। सूर ब्रज में रहने लगे और श्री गुसाईंजी (विट्ठलनाथ) ने उन्हें 'अष्ट छाप' में प्रमुख स्थान दिया।

सूर ने अपनी वंशावली में अपने पूर्वजों और भाइयों के नाम दिए हैं, किंतु अपने पिता का नाम न देकर केवल वीर ही कहा है। सूर के पिता का वास्तविक नाम क्या था—यह पद से ज्ञात नहीं होता है। हरिप्रसाद शास्त्री ने सूर के पिता का नाम 'रामचंद्र' लिखा है, जबकि मुसलमान लेखकों ने उनका नाम 'रामदास' बताया है।

सूर की नेत्र-विहीनता

कुछ विद्वान् सूर को जन्मांध मानते हैं और कुछ कहते हैं कि वृद्धावस्था में वे नेत्र-ज्योतिविहीन हो गए थे। 'साहित्य लहरी' के पद या अन्य अंतर्साक्ष्यों से तो प्रकट होता है कि सूर जन्मांध ही थे और यदि वे जन्मांध नहीं भी थे तो 'सूरसागर' लिखने के पूर्व तो वे अवश्य ही नेत्रहीन थे। सूर ने स्वयं के संबंध में कुछ अंतर्साक्ष्य लिखे, जिनके माध्यम से वे स्वयं को नेत्रहीन बताते हैं और भगवान् के द्वार पर पड़े रहना चाहते हैं।

'चौरासी वैष्णवन की वार्त्ता' के अनुसार भी सूर का नेत्रहीन होना ज्ञात होता है। जब श्री वल्लभाचार्य गोपाचल (गोघाट) पर आए और उन्होंने सूरदास से कहा कि 'सूर कछु भगवद् जस वर्णन करो।' तब आज्ञानुसार सूरदास ने कुछ विनय के पद सुनाए, जिन्हें सुनकर वल्लभाचार्यजी ने कहा कि 'सूर है के ऐसौ काहे को घिघियात है। कछु भगवद् लीला वर्णन करि।'

सूर जन्मांध थे या वृद्धावस्था में नेत्र-ज्योतिविहीन हो गए—यह प्रश्न विवादास्पद है और तब तक विवाद का विषय बना रहेगा जब तक कोई पुष्ट प्रमाण या अकाट्य तर्क उनकी नेत्रहीनता के समय की स्पष्ट रेखा न खींच दे। 'साहित्य लहरी' के पद से यह भी ज्ञात होता है कि सूर जन्मांध थे और यह भी सिद्ध होता है कि वे इस पद के लिखने के कुछ समय पूर्व अंधे हुए। उन्होंने अंधे होने से पूर्व विविध शास्त्रों का अध्ययन कर लिया हो और अपने उस गंभीर एवं विस्तृत अध्ययन द्वारा रूप-रंग इत्यादि का विशद वर्णन किया हो अथवा हो सकता है कि 'जहाँ न जाए रवि, वहाँ जाए कवि' के अनुसार उन्होंने अपनी दिव्य दृष्टि से जगत् को हस्तामलकवत् कर लिया हो और उसी दृष्टि से अपने वर्णनों को विशदता प्रदान की हो।

सूरदास का कूप-पतन

'साहित्य लहरी' की निम्न पंक्तियों से सूर का कूप-पतन और यदुराज श्रीकृष्ण द्वारा उनका उद्धार सिद्ध होता है।

> पर्‌यो कूप पुकार काहू सुनी ना संसार।
> सातवें दिन आइ जदुपति कियो आप अधार।।
> दिव्य चख दै कही सिसु सुन माँग वर जो चाइ।
> हौं कही प्रभु भगति चाहत शत्रु-नास सुभाइ।।

इसी संबंध में उन्होंने 'भक्त विनोद' में भी कुछ पंक्तियाँ लिखी हैं। इस प्रकार अंतर्साक्ष्य और बहिर्साक्ष्य द्वारा सूर का कूप-पतन सिद्ध होता है, किंतु यदि हम सूर का कूप-पतन, श्रीकृष्ण द्वारा उनका उद्धार, शत्रु-नाश की प्रार्थना और 'प्रबल दक्षिण विप्र-कुल में शत्रु हैव है नास' द्वारा श्रीकृष्ण द्वारा उन्हें वरदान देने का आध्यात्मिक अर्थ लें तो ज्ञात होगा कि सूर अज्ञान में पड़े थे। भगवान् श्रीकृष्ण की भक्ति से उनका अज्ञान दूर हुआ और दक्षिणी ब्राह्मण श्रीवल्लभाचार्य की दीक्षा से वे भक्ति के बाधक काम, क्रोध, लोभ आदि विकार रूपी शत्रुओं का नाश करने में समर्थ हुए।

सूर का जन्म और मरण-काल

सूर का जन्म किस संवत् में हुआ था, इसका कोई पुष्ट प्रमाण नहीं है। अंतर्साक्ष्य और बहिर्साक्ष्यों के आधार पर लेखक उनके जन्म के संवत् का अनुमान लगाते हैं।

अंतर्साक्ष्य

मुनि पुनि रसन के रस लेख।
दसन गौरीनंद को लिखि सुंबल सम्वत् पेख।।
नंद-नंदन मास, छै ते हीन तृतीया वार।
नंद-नंदन जनम ते हैं बान सुख आगार।।
तृतिय ऋक्ष, सुकर्म जोग विचारि सूर नवीन।
नंद-नंदन दास हित साहित्य लहरी कीन।।

इस पद से सिद्ध होता है कि 'साहित्य लहरी' के निर्माण के समय सूरदास की आयु 67 वर्ष की अवश्य रही होगी। अतः सूरदास का जन्मकाल विक्रमी संवत् 1540 माना जा सकता है।

बहिर्साक्ष्य

सूरदास के समकालीन लेखकों ने अपने ग्रंथों में सूरदास के संबंध में जो लिखा है, उससे भी उनके जीवन की किसी-न-किसी घटना विशेष पर प्रभाव पड़ता है। ये ग्रंथ हैं—'भक्त माल' तथा 'चौरासी वैष्णवन की वार्त्ता'।

सूरदास के संबंध में 'भक्तमाल' में केवल एक छप्पय है, जिसके द्वारा उनके काव्य की प्रशंसा की गई है। इसके विपरीत 'चौरासी वैष्णवन की वार्त्ता' एक प्रामाणिक ग्रंथ है, जिसमें सूरदास के विषय में बहुत कुछ लिखा है। इससे उनके जीवन की विशेष घटनाओं पर प्रकाश डाला गया है। इसमें वर्णित उद्धरणों द्वारा ज्ञात होता है कि सूरदास गऊघाट पर रहते थे, वे बहुत अच्छे गायक थे और निरंतर भगवद् यश का गान किया करते थे।

उन्होंने महाप्रभु श्रीवल्लभाचार्य के दर्शन किए। महाप्रभु ने उन्हें दीक्षा दी और सूरदास ने उनके उपदेश से भगवद्-लीला का वर्णन करना आरंभ कर दिया।

सूरदास ने सहस्रावधि पद लिखे। अकबर ने उनसे भेंट की और उन्होंने उसके सामने भगवान् का कीर्तन किया। अंधे सूरदास की उपमाओं पर अकबर को आश्चर्य हुआ। श्रीनाथजी में बहुत दिन तक सेवा करने के बाद उन्होंने पारसौली में गोलोक-वास लिया। मृत्यु से पूर्व उन्होंने निम्नलिखित पद कहा था—

खंजन नैन रूप रस माते।
अतिशय चारु चपल अनियारे पल पिंजरा न समाते।।
चल-चल जात निकट श्रवनन के उलट पलट ताटंक फँदाते।
सूरदास अंजन गुण अंटक नाहर सब उड़ि जाते।।

सूरदास के जन्म आदि के विषय में विद्वानों में कई मतभेद हैं। बाबू राधाकृष्णजी के अनुसार सूरदासजी की आयु 80 वर्ष की है। अत: मृत्यु संवत् 1620 के लगभग हुई। डॉक्टर कुमार वर्मा का कथन है कि सूरदासजी संवत् 1642 के पश्चात् परलोकवासी हुए, क्योंकि संवत् 1642 में तो अबुल फजल ने सूरदासजी को इलाहाबाद में अकबर से मिलने के लिए पत्र लिखा था। आचार्य शुक्लजी के अनुसार, वे सूरदास कोई और होंगे। 'भक्तमाल' के अनुसार, सूरदासजी का यज्ञोपवीत 8 वर्ष की आयु में हुआ। उन्हें बचपन से ही कृष्ण से प्रेम था, इसलिए उनके कहने पर उनके माता-पिता दर्शन के लिए जाते समय उन्हें एक साधु के पास छोड़ गए।

कुछ विद्वानों के अनुसार सूरदास देहला के निकट 'सीहीं' ग्राम के निवासी थे। अधिकतर विद्वानों का मत है कि सूरदास—रामदास के पुत्र, सारस्वत ब्राह्मण और रुनकता (आगरा और मथुरा के बीच) के निवासी थे।

रचनाएँ

अब तक की खोजों के आधार पर कवि कुलगुरु महात्मा सूरदास की निम्न रचनाएँ मानी जाती हैं—सूरसागर, सूर सारावली, साहित्य लहरी, गोवर्धन लीला, दशमस्कंध टीका, नाग लीला, पद संग्रह, प्राण प्यारी, व्याहलो, भागवत, सूर पचीसी, सूरसागर सार, एकादशी माहात्म्य, राम-जन्म और नल-दमयंती।

इस प्रकार सूरदास के 15 ग्रंथ हो जाते हैं। सूरदास जैसे विद्वान् महाकवि

के लिए रचना का यह परिमाण ऐसा अधिक नहीं है जिस पर यह संदेह किया जा सके कि वे सभी ग्रंथ महाकवि सूरदास के न होकर किसी अन्य सूरदास के हैं। किंतु कुछ विद्वानों का मत है कि नल-दमयंती, सूरसागर सार, व्याहलो आदि 'सूरसागर' के प्रणेता सूरदास के न होकर किसी अन्य सूरदास के हैं। नाग-लीला, सूर-पच्चीसी और गोवर्धन-लीला आदि सूरसागर के पदों के ही अलग-अलग नाम से संकलन हैं। अतः सूर-सागर, सूर सारावली और साहित्य लहरी ही ऐसे तीन ग्रंथ हैं, जिन्हें सूरदास द्वारा रचित माना जा सकता है। किंतु विचार करने पर केवल 'सूरसागर' ही सूर का प्रामाणिक ग्रंथ ठहरता है, 'सूर सारावली' और 'साहित्य लहरी' नहीं। इन दोनों के अप्रामाणिक होने के अनेक कारण हैं, जैसे— 'सूर सारावली' की भाषा शैली 'सूरसागर' की भाषा शैली से भिन्न है। इसकी भाषा में तत्सम शब्दों की प्रधानता है, जिसके द्वारा पांडित्य का प्रदर्शन किया गया है। इसमें ब्रजभाषा की स्वाभाविकता और माधुर्य का अत्यंत अभाव है। कुछ ऐसे शब्द में मिलते हैं, जो 'सूरसागर' में नहीं पाए जाते हैं। कथावस्तु की दृष्टि से भी 'सूर सारावली' 'सूरसागर' से भिन्न है। 'सारावली' की सैद्धांतिक व्याख्या और 'सूरसागर' की सैद्धांतिक व्याख्या में भी अंतर पाया जाता है।

1. सृष्टि-रचना के लिए होली की कल्पना 'सारावली' की अपनी मौलिकता है।
2. 'सारावली' में अवतारों के वर्णन में 'सूरसागर' का आधार न लेकर श्रीमद्भागवत के द्वितीय स्कंध के सप्तम अध्याय का लिया गया है। फलतः इसमें विश्वत्सेन, धर्मसेनु, शेष सुधर्म, योगीश्वर, वृहद्भानु आदि के अवतारों का उल्लेख किया गया है, जिसका 'सूरसागर' में नाम भी नहीं है। इसी प्रकार 'सारावली' में डाढ़ी वर्णन भी नहीं है। सैद्धांतिक व्याख्या में भी दोनों में बहुत बड़ा अंतर हो गया है।

'सारावली' में एक बड़ी विशेषता मिलती है; वह है—आत्मकथन की विशेषता, जो सूर के स्वभाव से बिलकुल भिन्न है।

'साहित्य लहरी' के संबंध में भी संदेह है कि यह ग्रंथ महाकवि सूरदास का न होकर किसी अन्य सूरदास का होगा। 'साहित्य लहरी' एक प्रकार से लाक्षणिकताओं से भरा हुआ है और अलंकार संप्रदाय का ग्रंथ प्रतीत होता है,

जिसमें अलंकारों का विषय-वर्णन तथा कुछ रसों एवं नायक-नायिकाओं का भी उल्लेख है। उसमें लगभग 40-50 ऐसे पद भी मिलते हैं, जिनमें राधा और कृष्ण का कोई उल्लेख नहीं है। इसमें जो दृष्टिकूट हैं, वे भी कवित्वमयी दृष्टि के हैं और अलंकारत्व को लिये रचे हुए प्रतीत होते हैं। ये दृष्टिकूट 'सूरसागर' में मिलने वाले दृष्टिकूटों से सर्वथा भिन्न हैं। सूर ने दृष्टिकूटों का प्रयोग वहीं किया है, जहाँ उन्होंने किसी कथन को स्पष्ट दिखाना समीचीन न समझा हो या जहाँ दृष्टिकूटों द्वारा व्यक्त किए हुए भावों में अधिक सौंदर्य आ गया हो। किंतु 'साहित्य लहरी' के दृष्टिकूटों में यह विशेषता नहीं पाई जाती है।

'साहित्य लहरी' को सूर की वृद्धावस्था में लिखा माना जाए, जैसाकि इसमें दिए हुए संवत् के अर्थ से प्रतीत होता है तो सूर की भक्ति पर प्रबल आक्षेप आएगा; क्योंकि 'साहित्य लहरी' में भक्ति-भावना का अभाव है। क्या सूर वृद्धावस्था में भक्ति को छोड़कर पांडित्य दिखाने लगेंगे—यह कम संभव प्रतीत होता है। फलत: 'सूरसागर' ही सूर का प्रामाणिक ग्रंथ है।

कुछ विद्वानों का कथन है कि सूरसागर 'श्रीमद्भागवत' का अनुवाद मात्र है। किंतु यह भ्रांत धारणा है। डॉ. धीरेंद्र वर्मा इत्यादि विद्वानों ने सिद्ध कर दिया है कि 'सूरसागर' श्रीमद्भागवत का अनुवाद नहीं है। श्रीमद्भागवत में श्रीकृष्ण की प्रमुखता रहते हुए भी अन्य अवतारों की उपेक्षा नहीं की गई है, जबकि 'सूरसागर' में कृष्णावतार ही सबकुछ है। सूरदास के 4,000 पदों में से 3,600 से अधिक पद श्रीकृष्णावतार के हैं। शेष में विनय और साधारण विष तथा बत्तीस अवतारों का वर्णन है।

श्रीमद्भागवत के दशम स्कंध के पूर्वार्द्ध और उत्तरार्द्ध का परिमाण समान है। किंतु 'सूरसागर' का पूर्वार्द्ध उत्तरार्द्ध से तीस गुना बड़ा है। सूरदास ने ब्रजवासी कृष्ण को ही महत्त्व दिया है, द्वारिकावासी कृष्ण को नहीं।

तीसरा अंतर यह है कि 'सूरसागर' के पूर्वार्द्ध के विषयों में भी पूतना, वत्स, प्रलंब आदि असुरों का संहार करनेवाली अलौकिक शक्ति का वैसा वर्णन नहीं है जैसा श्रीमद्भागवत में है। अन्य विषयों का संक्षेप में ही उल्लेख कर सूरदास ने वात्सल्य रस और संयोग श्रृंगार-प्रधान गोपी-कृष्ण लीला और विप्रलंभ श्रृंगार प्रधान गोपी-विरह लीला को ही प्राधान्य दिया है। श्रीमद्भागवत

में इन विषयों को इतना महत्त्व नहीं दिया गया है। उसमें 'राधा' का नाम भी नहीं है, किंतु 'सूरसागर' में उसी की प्रधानता है। 'सूरसागर' में सूरदास ने 'भ्रमर-गीत' में सगुणोपासना का जिस प्रकार उपयोग किया है, श्रीमद्‌भागवत में वैसा नहीं है। अत: 'सूरसागर' श्रीमद्‌भागवत का अनुवाद नहीं है। कुछ अंशों में साम्य होते हुए भी 'सूरसागर' का साहित्य और धार्मिक दृष्टिकोण मौलिक है।

सूरसागर

'सूरसागर' कविकुल-शिरोमणि महात्मा सूरदास की अमर कृति एवं प्रसिद्ध रचना है। 'सूरसागर' रत्नों का सागर है। जो जितने गहरे उतरता है, उसमें से उतने ही उत्तम रत्न निकाल लाता है।

'सूरसागर' के रचना काल का उल्लेख 'सूरसागर' में कहीं भी प्राप्त नहीं है। अत: अंतर्साक्ष्यों का अभाव होने पर कुछ बहिर्साक्ष्यों से इसके रचना काल का अनुमान लगाया जा सकता है।

'सूर सारावली' की रचना 'सूरसागर' के बाद की ज्ञात होती है। इसके एक पद में कवि ने लिखा है—'गुरु प्रसाद होत यह दरसन सरसठ बरस प्रवीन।'

इससे अनुमान लगाया जाता है कि 67 वर्ष की आयु में सूरदास अपना 'सूरसागर' समाप्त कर चुके होंगे।

'साहित्य लहरी' की रचना भी 'सूरसागर' के बाद ही हुई होगी, क्योंकि उसके पद 'सूरसागर' से ही लिये गए हैं। 'साहित्य लहरी' के पद में उसका रचना काल इस प्रकार बताया गया है—'मुनि पुनि रसन के रस लेख'—इससे 'साहित्य लहरी' की रचना संवत् 1607 सिद्ध होती है। इससे यह ज्ञात होता है कि 'सूरसागर' की रचना 1607 से पूर्व हो चुकी होगी और 67 वर्ष की आयु के कुछ पूर्व ही सूर ने अपना 'सागर' समाप्त कर लिया होगा।

महाकवि ने अपने 'सागर' का निर्माण किस संवत् में किया, इसका भी कोई निश्चित प्रमाण उपलब्ध नहीं है। विद्वानों की खोज से पता चलता है कि सूरदास ने अपने पद भिन्न-भिन्न समय में लिखे थे। उनके विनय संबंधी पद तो महाप्रभु वल्लभाचार्य से भेंट होने से पूर्व अवश्य लिखे गए होंगे। 'गऊ घाट' पर महाप्रभु वल्लभाचार्य और सूरदास का जो वार्त्ता-प्रसंग हुआ, उसके विषय

में 'चौरासी वैष्णवन की वार्त्ता' में लिखा गया है। इसके आधार पर कहा जा सकता है कि 'सूरसागर' का रचना-काल संवत् 1587-1607 के बीच हो सकता है।

सूर सारावली

सूर के शब्दों में 'सूर सारावली' हरि-लीला का सार है। यह एक बृहत् होलीगान के रूप में है। इसमें कुल 1,107 पदवंध हैं। यह 'सूरसागर' से भिन्न एक स्वतंत्र रचना है। इसकी शैली भी भिन्न है। इसमें होली खेलने या लीला करने का सुंदर वर्णन है। सूरदास के मतानुसार तो सृष्टि की रचना ही होली लीला का अपर रूप है।

सारांश यह है कि 'सूर सारावली' भी साहित्य जगत् में अपनी निजी विशेषता रखती है।

साहित्य लहरी

महाकवि सूरदास द्वारा रचित 'साहित्य लहरी' का निर्माण 'मुनि पुनि रसन के रस लेखि' वाले पद के अनुसार संवत् 1627 विक्रमी में किया था। इसके पद दृष्टिकूट कहलाते हैं। इसमें बाल-लीला तथा नायिक-भेद के रूप में राधा के मान आदि का भी वर्णन है। इसके अतिरिक्त वियोगिनी, प्रोषितपतिका आदि नायिकाओं का भी वर्णन है। अलंकारों का उल्लेख भी श्लिष्ट शब्दों में कर दिया गया है।

सूर की कथा संबंधी मौलिक उद्भावनाएँ

सूर का समस्त साहित्य, केवल आत्म-निवेदन या विनय संबंधी पदों को छोड़कर, श्रीमद्भागवत पर बहुत कुछ आधारित है। किंतु उनके साहित्य में अपनी मौलिक उद्भावनाएँ भी हैं। सूरदास ने अपनी कल्पना की कूँची से भागवत के कथा-चित्रों में जहाँ सरस और मधुर रंग भरा है, वहाँ कतिपय नवीन कथाओं का सृजन भी किया है। सूर द्वारा वर्णित मौलिक कथाओं में निम्नलिखित कथाएँ प्रमुख हैं—दाढ़ी की कथा, महराने के पांडे की कथा, बरसाने के ब्राह्मण की कथा, सर्प द्वारा राधा के दर्शन एवं कृष्ण के गारुड़ी

बनकर उनकी चिकित्सा करने की कथा, दान-लीला, पनघट-लीला, मान-संबंधी अनेक उपकथाओं से युक्त तथा मान-मोचन के मौलिक प्रयोगों से संपन्न कृष्ण के बहुनायकत्व की कथा, संयोग श्रृंगार के नवीन एवं मौलिक प्रसंगों का वर्णन—जिनमें बसंत, होली, फाग एवं हिंडोला आदि का वर्णन है; नंद का ब्रज को लौटना एवं यशोदा के परिताप की कथा, कृष्ण-राधा सम्मिलन की कथा। इनके अतिरिक्त गोपियों द्वारा प्रेमलीला एवं उनकी कृष्ण के प्रति आतुरता सूर की अपनी कल्पना है। अपनी इन कथाओं एवं उपकथाओं के मिश्रण से सूर ने भागवत के दशम स्कंध की कथा को अत्यंत सरस, मनोमुग्धकारी एवं मनोरंजक बना दिया है। श्रीमद्भागवत की जिन कथाओं में सूरदास ने अपना वर्ण्य विषय बनाया है, उनमें जो मौलिक परिवर्तन किए हैं वे इतने सूक्ष्म हैं कि साधारण पाठक को कहीं परिलक्षित नहीं हो पाते हैं। केवल वही पाठक इन सूक्ष्म किंतु मौलिक परिवर्तनों को अपने चेतना केंद्र में स्थान दे सकता है, जिसने उसका गंभीर अध्ययन किया है। इसका कारण यह है कि भागवत से गृहीत कथाएँ उसी क्रम में आयोजित हैं जिस क्रम से भागवत में हैं। उनमें सूर के द्वारा किसी प्रकार व्यक्तिक्रम नहीं हुआ है।

सूर ने कथा के प्रारंभ में अपने को दाढ़ी के रूप में प्रस्तुत किया है। वैसे तो वल्लभ संप्रदाय के प्रायः सभी कवियों ने जन्मोत्सव के समय दाढ़ी की उपस्थिति मानी है और उस अवसर पर दाढ़ी के पदों को गाने की परिपाटी भी है, किंतु अन्य किसी कवि ने सूर की भाँति स्वयं को दाढ़ी के रूप में नहीं माना है। अतएव इससे स्पष्ट प्रकट होता है कि दाढ़ी सूर की अपनी कल्पना है और संभवतः वल्लभाचार्य द्वारा अपनी प्रशंसा सुनकर उन्होंने यह कल्पना की होगी। कागासुर की कथा को सूर ने उसी प्रकार लिखा है जिस प्रकार अन्य असुरों के वध की कथाओं को। बरसाने और महराने की कथाएँ कृष्ण कथा को स्थानीय महत्त्व प्रदान तो करती ही हैं, साथ ही उनके द्वारा सूर ने कृष्ण-प्रेम की महत्ता को भी प्रतिपादित किया है; क्योंकि इनमें परस्पर विरोधी प्रवृत्तियों के दो विप्रों का चित्रण है, जिनमें एक कृष्ण-विरोधी है जो उनकी हत्या की चेष्टा करता है और दूसरा उनका परम भक्त है। इन कथाओं के लिए सूर ने कृष्ण के बाल-रूप को अपना आधार बनाया है, क्योंकि यह काल चमत्कार के संयोग से विशेष

आकर्षक बन जाता है तथा भक्तों को भगवान् के प्रेम की ओर प्रेरित भी करता है।

सूर ने कृष्ण की बाल-लीला का विशद चित्रण किया है। उन्होंने अनेक कथाओं का समावेश किया है; किंतु सभी का बीज भागवत में उपस्थित है। सूर की कल्पना ने उसे अंकुरित ही नहीं किया, अपितु पुष्पित और फलित भी कर दिया है। 'गोचारण', 'वन से प्रत्यागमन' एवं 'माखन-चोरी' आदि की लीलाओं का वर्णन करते हुए सूर ने वल्लभाचार्य के नवनीतप्रिय कृष्ण का चित्रण किया है और इस प्रकार शुद्धाद्वैत की प्रतिष्ठा की है। उन्होंने यशोदा और गोपियों तथा नंद को उपस्थित कर उसे वात्सल्य भक्ति का रूप दे दिया है। उनकी बाल-लीलाओं से उन्हें जो उल्लास, उत्कंठा, चिंता, सुख-दु:ख आदि का आभास होता है तथा जिस प्रकार वे उन्हें चाहते हैं, उसका वर्णन बड़ा हृदयग्राही हुआ है तथा वह मनोवैज्ञानिक आधार पर स्वाभाविक भी है। उत्तरार्द्ध में कृष्ण का यशोदा, नंद एवं गोपों से वियोग चित्रित करके करुण रस का स्रोत प्रवाहित किया है। यह काव्य की दृष्टि से तो उत्कृष्ट है ही, साथ ही कथा में भी सरसता का समावेश करता है। बाल-लीला और वियोग के मध्य की अधिकांश कथाएँ मौलिक हैं, जिन्हें तीन भागों में विभाजित किया जा सकता है—

1. राधा-कृष्ण की प्रेम-कथा

राधा-कृष्ण की प्रेम कथा का वर्णन श्रीमद्भागवत पुराण में नहीं है। अत: सूर ही इस कथा की मौलिकता के अधिकारी हैं। वैसे तो ब्रह्मवैवर्त्त पुराण, जयदेव के गीतगोविंद, चंडीदास और विद्यापति के पदों में राधा-कृष्ण प्रेम का उल्लेख है और ये सभी सूर के पूर्ववर्ती भी थे; लेकिन सूर उनसे प्रभावित हुए प्रतीत नहीं होते। सूर ने 'चकई-भौंरा' खेल द्वारा राधा-कृष्ण के प्रथम मिलन का वर्णन किया है और उनकी यह कल्पना मौलिक है। यद्यपि राधा और कृष्ण के नवल प्रेम की उत्पत्ति सूर ने भी जयदेव के 'गीत गोविंद' के मंगलाचरण एवं 'ब्रह्मवैवर्त्त पुराण' के अनुसार वर्णित की है, किंतु उन्होंने दोनों को तरुण बनाकर उसे मौलिक रूप ही नहीं दिया अपितु उसे श्रृंगार रस से अनुप्राणित करके सरस बना दिया है। साथ ही राधा को भी अवतारी वर्णित कर चमत्कार उत्पन्न कर दिया है। इसके अतिरिक्त

सर्प द्वारा राधा के डसे जाने एवं कृष्ण का गारुड़ी बनकर चिकित्सा करने की कथा सूर की अपनी कथा है।

सूर ने अपने पूर्ववर्ती कवियों द्वारा वर्णित कथाओं में सर्वत्र मौलिकता का समावेश किया है। राधा द्वारा मान एवं मान-मोचन संबंधी कथाएँ हमें जयदेव, विद्यापति एवं चंडीदास में भी मिलती हैं, किंतु सूरदास ने उनका पल्ला नहीं पकड़ा है। जहाँ जयदेव और विद्यापति ने दूती के विस्तार द्वारा उसे लौकिक रूप में चित्रित किया है, वहाँ सूर दूती को अनावश्यक समझकर अध्यात्म की ओर ले गए हैं। उन्होंने अभिसार का भी स्पष्ट वर्णन नहीं किया है। 'गीतगोविंद' और विद्यापति—दोनों में ही राधा खंडिता है और सूरदास में भी वह खंडिता ही है। किंतु सूर में अपनी मौलिकता है। जहाँ 'गीतगोविंद' की राधा कृष्ण को अन्य युवतियों के साथ विहार करते देखकर मान करती है तथा विद्यापति की राधा दूती द्वारा संकेत स्थान पर पहुँचकर कृष्ण को न पाकर खंडिता बन जाती है और मान ठान लेती है, वहीं दूसरी ओर सूर की राधा रस के समय कृष्ण के हृदय में दूसरी युवती का प्रतिबिंब देखकर मान करती है तथा कृष्ण के अन्य के साथ रात्रि-जागरण के कारण हुए लाल नेत्रों को देखकर खंडिता बनती है। इस प्रकार जैसे उनका मान भिन्न है, उसी प्रकार मान-मोचन के ढंग भी उनके अपने हैं,

राधा-कृष्ण के प्रेम का वर्णन वैसे तो प्रायः सभी कथाओं में मिलता है। किंतु उनके प्रेम की चरम शोभा गोरस-दान प्रसंग में हो जाती है; जबकि राधा आत्मविस्मृत होकर दही के स्थान पर कृष्ण को बेचने लगती है और 'कृष्ण ले लो' कहती हुई कुंज में पहुँच जाती है। कृष्ण उसे वहाँ मिलते हैं और उसे आलिंगन आबद्ध करके अपने प्रेम का परिचय देते हैं। पनघट लीला में भी राधा का समावेश किया गया है, किंतु विशेष महत्त्व के साथ नहीं। मानवती राधा का वर्णन यथेष्ट रूप से बहुनायकत्व लीला में हुआ है। राधा के संबंध में सूर की कई मौलिक कल्पनाएँ हैं। राधा अपने हार के खो जाने का नाट्य करती है और उसकी खोज के काज से वह कृष्ण से मिलती है। इस प्रकार राधा की चातुरी को प्रदर्शित किया गया है। रासलीला के समय सूर ने राधा-कृष्ण के परिणय की कल्पना भी की है। उन्होंने दोनों के अनुराग का वर्णन करते समय सखियों द्वारा राधा के लज्जित करने और राधा द्वारा उनकी भर्त्सना करने का

भी वर्णन किया है। ये सभी कल्पनाएँ सूरदास की मौलिकता की प्रदर्शिका हैं।

सूरदास ने राधा और कृष्ण के संबंध को लौकिक धरातल से उठाकर आध्यात्मिक स्तर पर पहुँचा दिया है। राधा-कृष्ण को उपालंभ देती है, उस समय कृष्ण उत्तर देते हुए अपने संबंध को इस प्रकार व्यक्त करते हैं—

ब्रजहि बसे आपुहि बिसरायौ।
प्रकृति पुरुष एकै करि जानहु बातनि भेद करायौ।।
जलथल जहाँ रहौ तुम बिनु नहिं वेद उपनिषद गायौ।
द्वैतनु जीव एक दम दोऊ सुख कारन उपजायौ।।

कृष्ण के इन वचनों को सुनकर राधा को अमित संतोष होता है। वे अपने 'पुरातन नेह' को प्राप्त कर कृष्ण को पति-रूप में पहचान लेती हैं। राधा प्रकृति और कृष्ण पुरुष हैं। उनकी प्रीति युग-युग की प्रीति है। दोनों एक हैं। सुख के कारण एक ही ब्रह्म ने अपने को दो रूपों में प्रकट किया है। ब्रह्म ही स्वयं को राधा और कृष्ण के दो रूपों में अवतरित करके भक्तों के लिए आनंद की सृष्टि करता है। इस प्रकार राधा-कृष्ण संबंधी कथा अलौकिक है, लीला मात्र है। इसी कारण अनुराग के पदों में राधा का रहस्यात्मक रूप चित्रित किया गया है। रासलीला के समय कृष्ण का अंतर्धान हो जाना गर्विणी राधा को उपदेश देकर भक्तों को समझाने के निमित्त हैं; क्योंकि गर्व में 'अहं' भाव विद्यमान रहता है और यह अहं ही भक्त और भगवान् के मिलने में बाधक है। भगवान् को अहं भावना किंचित् मात्र भी प्रिय नहीं है। भक्त को भगवान् तभी मिलते हैं, जब वह स्वयं को उनके प्रेम में विस्मृत कर देता है, स्वयं को अत्यंत हीन एवं तुच्छ समझने लगता है। राधा और कृष्ण की कथाएँ इसी समस्या को सुलझाने के लिए रूपक मात्र हैं। भक्तों की हृदय-कलिका को विकसित करने का साधन है। इस प्रकार हम देखते हैं कि सूर की राधा संबंधी कल्पनाएँ सर्वथा मौलिक हैं। उन्होंने अपने पूर्ववर्ती कवियों से प्रभावित होना नहीं सीखा है।

2. गोपियों का प्रेम

चीर-हरण एवं रास के प्रसंगों द्वारा गोपियों का कृष्ण के प्रति प्रेम तो

श्रीमद्भागवत में भी वर्णित है और भागवत के अनुसार भी ये दोनों प्रसंग रूपक मात्र हैं। गोपियाँ आत्मा रूपिणी हैं और कृष्ण ब्रह्म हैं। मुरली रूपी विद्या-माया के सहयोग से आत्मा और ब्रह्म का मिलन होता है। यही रासलीला की वास्तविकता है। सूर ने जहाँ इन दोनों प्रसंगों का वर्णन किया है, वहीं नवीन रूपकों की भी उद्भावना की है। उनके मौलिक रूपक तीन हैं—दान लीला, पनघट लीला और बहुनायकत्व कथा।

दान लीला के द्वारा सूरदास ने भक्तों को आत्मसमर्पण का संदेश दिया है। कृष्ण की यह उक्ति 'दान लेउ हौ सब अंगनुकौ' आत्मसमर्पण की भावना से ओत-प्रोत है। वल्लभ संप्रदाय का मूल मंत्र यही है। चीर-हरण लीला के मूल में भी यही भावना निहित है। कृष्ण चीरों का हरण क्यों करते हैं? वे चीर-हरण द्वारा बताना चाहते हैं कि भगवान् को जब आत्मसमर्पण कर दिया तो फिर लज्जा किस बात की? उन्होंने स्पष्टतः यह संदेश दिया है कि भगवान् से कुछ भी गोप्य नहीं है। आत्मसमर्पण के होने पर उनसे छिपाने को रह ही क्या जाता है? इसी प्रकार पनघट लीला में भी यह दर्शित किया गया है कि भगवान् स्वयं भक्त को शरण देना चाहते हैं, वह उसकी प्रतीक्षा करते हैं। कूप पर कृष्ण का गोपियों की प्रतीक्षा करना इसी भावना की ओर संकेत है तथा गगरी में काँकर मारने द्वारा भगवान् की उन प्रेरणाओं की ओर संकेत किया गया है, जो भक्तों को उनके द्वारा दी जाती हैं। इस प्रकार भक्त भगवान् को अपनी भक्ति में विभोर करने की स्वयं भी चेष्टा करते हैं और अंत में भक्त आत्मविस्मृत होकर केवल भगवान् को ही सबकुछ समझने लगता है। वह विश्व के कण-कण में उन्हीं की ज्योति का आभास पाता है। गोपियाँ जिस प्रकार आत्म-विस्मृत होकर दही के स्थान पर 'कृष्ण-कृष्ण' बेचने लगती हैं, उसी प्रकार जब भक्त आत्म-विस्मृत हो जाता है तो उसकी भक्ति का चरम विकास हो जाता है। यही आत्म-विस्मृति का चरम रूप पुष्टिमार्ग के मूल में है। भगवान् के अमित सौंदर्य की प्रतिष्ठा और उसकी ओर भक्त का आकर्षण पुष्टिमार्ग के प्रमुख आधार हैं। इसलिए सूर ने कृष्ण के अमित सौंदर्य का वर्णन करके गोपियों की उस ओर प्रवृत्ति दिखाई है व यही भक्त व भगवान् के संबंध का रूपक है।

बहुनायकत्व की कथा द्वारा सूर ने यह संदेश दिया है कि जिस प्रकार एक

कृष्ण अनेक गोपियों को एक ही समय में एक ही रूप में प्राप्त थे, उसी प्रकार एक भगवान् अनेक भक्तों को एक ही समय में एक ही रूप में प्राप्त हो सकते हैं। किंतु उसके लिए विरह-साधना, प्रतीक्षा एवं प्रेम-परीक्षा वांछनीय है। साथ ही गर्व, ईर्ष्या, द्वेष आदि की निम्न भावनाओं का परित्याग करना पड़ता है। गोपियाँ सामूहिक जीव की प्रतीक हैं और कृष्ण ब्रह्म के प्रतीक हैं। उनकी समस्त लीलाओं में रूपक हैं। उनमें अध्यात्म की भावना सन्निहित है, साधारण कथा मात्र गढ़ने की प्रवृत्ति नहीं है। श्रीमद्भागवत की रूपकमयी भावनाएँ सूर में भी हैं।

सूरदास श्रीवल्लभाचार्य के शिष्य संप्रदाय में से थे। वल्लभाचार्य ने गोपियों के संयोग-सुख और वियोग-दु:ख को आदर्श माना है। सूर ने उसी आदर्श में श्रृंगार का समावेश कर रूपकों के द्वारा उसे अध्यात्म की भूमि पर समासीन करने की चेष्टा की है। उसमें काव्य सौष्ठव, मधुरिमा और सरसता तथा अलंकार और भी स्तुत्य है।

3. संयोग चित्रण
(हिंडोला, जलक्रीड़ा, बसंत और होली)

रासलीला के समान ही इन लीलाओं में भी संयोग वर्णन मिलता है। सूर इनके वर्णन में जयदेव के 'गीतगोविंद' से प्रभावित प्रतीत होते हैं। 'गीतगोविंद' के समान ही सुरतारंग, सुरतांत एवं विपरीत आदि के वर्णन हैं। किंतु उनमें 'गीतगोविंद' जैसी स्थूलता नहीं है। उसे भी सूर ने अलौकिकता प्रदान की है। साथ ही ये स्थूल सूर की काव्य-प्रतिभा के उत्कृष्ट रूप को प्रस्तुत करते हैं। सभी वर्णन इस प्रकार सूर के मौलिक वर्णन हैं। अष्टछाप के प्राय: सभी कवियों ने होली, बसंत तथा फाग आदि के संबंध में रचनाएँ की हैं। सूर ने भी फाग का चित्रण सुंदरता के साथ किया और कृष्ण को 'जाकी रही भावना जैसी' के अनुसार ही दिखाया है।

यद्यपि भ्रमर-गीत का प्रसंग भागवत में भी आया है, किंतु सूरदास ने उसमें मौलिक कल्पनाएँ की हैं। पाती-प्रसंग तथा प्राकृतिक वस्तुओं—चंद्र, मेघ, कोकिला आदि में उद्दीपन भाव आदि प्रसंग सूर के अपने हैं। सूरदास ने भागवत के मान की भी रक्षा की है, निर्गुण एवं सगुण तथा योग एवं भक्ति

का तुलनात्मक विवेचन प्रस्तुत किया है। किंतु भागवत में योग और निर्गुण को प्रधानता दी है, जबकि सूर ने सगुण भक्ति का प्रतिपादन किया है। दर्शन, काव्य और भक्ति की त्रिवेणी बहाकर सूर ने अपने कवि को सार्थक कर दिया है। उनकी कथन प्रणाली सर्वथा मौलिक रही है।

राधा-कृष्ण के पुनर्मिलन की कथा का वर्णन 'ब्रह्मवैवर्त्त पुराण' में भी मिलता है और उसके साथ ही राधा की वियोग दशा का भी वर्णन है; किंतु अस्वाभाविक और अनर्गल रूप में। सूरदास ने इस मिलन-प्रसंग का अत्यंत स्वाभाविक रूप में चित्रण किया है। साथ ही रुक्मिणी के साथ मृदुल व्यवहार का वर्णन करके उसके चरित्र को निखार दिया है। इस प्रकार सूरदास ने राधा का पूर्ण चरित्र-चित्रण किया है।

सूर का कथा-संगठन मौलिक है। उसमें जो असंबद्धता और विशृंखलता दृष्टिगत होती है, उसके कई कारण हैं। सर्वप्रथम कारण तो यह है कि सूर ने कथा को प्रबंधात्मक रूप से छंदोबद्ध नहीं किया है अपितु पदों में खंडात्मक रूप में लिखा है। उसके खंडों में तारतम्य होने पर भी अपना मुक्तक काव्य की विशेषता है। प्रत्येक पद दूसरे से संबद्ध होने पर भी अपना स्वतंत्र अस्तित्व रखता है। एक ही कथा वर्णनात्मक और पदात्मक—दोनों रूपों में पाई जाती है। भ्रमर-गीत तो तीन हैं। इसी प्रकार किसी-किसी कथा के चार रूपों तक पाए जाते हैं और किसी-किसी का एक ही पद में संकेत मात्र ही कर दिया गया है। अष्टछाप के फुटकर पद लिखनेवाले कवियों की कोटि में सूरदास को भी सम्मिलित कर लिया जाता है और उन्हें भी फुटकर पदों का प्रणेता समझने की भूल की गई है। सूरदास के बाद दान-लीला एवं मान-लीला की कथा में खंडात्मक रूप में चलने से सूर की कथाओं को भी खंडात्मक और सूरसागर को खंड काव्यों का संग्रह मान लिया गया है। किंतु वास्तव में सूर की कथाओं में संगठन है, संबद्धता है और एक क्रम है।

सूरदास की कथाओं में एक स्वाभाविक विकास पाया जाता है। किंतु पदों और छंदों में लिखी होने के कारण शंका उत्पन्न होती है। लगभग सारी कथा वर्णनात्मक छंदों में है। कुछ कथाएँ ऐसी हैं, जो पदों में नहीं पाई जातीं। दोनों प्रकार की कथाओं की तुलना से प्रकट होता है कि वर्णनात्मक छंदों में दान-लीला

और मान-लीला के अतिरिक्त कोई मौलिक तथ्य वर्णित नहीं है। महराने के बामन की कथा वर्णनात्मक छंदों में है और वह मौलिक है। पदों में लिखी गई मौलिक कथा छंदों में भी मिलती है। किंतु सूरदास के काव्य की प्रौढ़ता और सरसता पदों में है, छंदों में नहीं। छंदों में नीरसता पाई जाती है। हाँ, उनमें इतिवृत्तात्मकता और वर्णनात्मकता अवश्य पाई जाती है। कतिपय वर्णनात्मक छंद पदों के बीच में कड़ी के रूप में भी आए हैं, जिन्हें देखने से ज्ञात होता है कि पदों को संगृहीत करते समय कथा की असंबद्धता को दूर करने तथा शीघ्र ही कथा को समाप्त करने के कारण उनकी सृष्टि की गई है। श्रीमद्भागवत की कथाओं में ही यह बात मिलेगी। अपनी मौलिक कथाओं में उन्होंने छंदों का समावेश करके रस का ह्रास नहीं किया है। सूरदास अपने 'सूरसागर' को भाषा भागवत का रूप देना चाहते थे, जैसाकि उनकी कई उक्तियों से पता चलता है। परंतु उनकी वृत्ति भागवत के दशम स्कंध की कथाओं में होती है। इसी कारण अन्य स्कंधों की कथाएँ संक्षेप में लिखी गई हैं तथा उनमें काव्य का उत्कृष्ट रूप भी नहीं मिलता है। अन्य स्कंधों में वृत्ति न रमने का दूसरा कारण यह भी है कि उनमें ज्ञान-विज्ञान संबंधी नीरस बातों एवं उन आध्यात्मिक सिद्धांतों का वर्णन है, जो सूर के अपने सिद्धांतों से मेल नहीं खाते। इसी कारण अन्य स्कंधों की कथाएँ संक्षेप में लिखी गई हैं। इसी कारण उनमें नीरसता व काव्य गुणों की हीनता आ गई है। सूरदास भक्त पहले थे और कवि बाद में, अतएव भागवत का पूर्णानुवाद इनके लिए कठिन ही नहीं अपितु उनकी प्रकृति के विपरीत कार्य था। उन्होंने भागवत में वर्णित सिद्धांतों—शुद्ध सिद्धांतों को भी काव्य का रूप देने की चेष्टा की है।

सूर के काव्य को हम कथात्मक गीति काव्य कह सकते हैं, क्योंकि जहाँ उसमें गीति काव्य की-सी भावुकता और सरसता पाई जाती है, वहीं कथा का विकास भी मिलता है। किंतु भावों की तीव्रता के समय कथा रुक जाती है। उस समय एक ही भाव को व्यंजित करनेवाले अनेक सरस पदों की रचना सूर करते चले गए हैं, लेकिन उनमें सूर ने अपने हृदय की अनुभूति को इस सरसता से व्यक्त किया है कि पाठक उसमें तन्मय हो जाता है और उसे कथा का यह अवरोध खटकता नहीं है। कथा का यह विश्राम, यह अवरोध भावोत्कर्ष में सहायक ही होता है। भावोत्कर्ष के पदों में कहीं-कहीं नाटकीयता का भी

आनंद प्राप्त होता है, क्योंकि एक ही पद में कहीं सुंदर कथोपकथन मिलता है तो कहीं खंड काव्य ही कथोपकथनात्मकता है। इसमें पदों की-सी सरलता पाई जाती है और प्रबंध काव्य के भी सभी गुणों की सरसता व्याप्त है। वास्तव में 'सूरसागर' में कोई निश्चित काव्यधारा नहीं है। वह महाकाव्य तो है ही, परंतु साथ ही उसमें गीति काव्य और दृश्य काव्य का भी आनंद है। इस प्रकार वह एक साथ सभी कुछ है। 'सूरसागर' में भागवत से कहीं अधिक रसमयता और काव्यत्व नहीं है। बाल एवं प्रेम लीला का समावेश करके सूर ने कृष्ण कथा को प्राणवान बना दिया है। सूर ने कृष्ण की उन लीलाओं को अपनाया है, जो प्रबंध काव्य का विषय हो नहीं सकतीं। उन्होंने उनके सारे जीवन को न लेकर केवल बाल लीलाएँ और शिशु की दैनिक क्रीड़ाएँ ही चित्रित की हैं। उनकी कथाओं की रंगस्थली यशोदा, गोपी और नंद के हृदय हैं। उनका आधार बाह्य जगत् नहीं है। कृष्ण के रूप, व्यवहार और प्रेम का प्रभाव उन पर कैसा पड़ता है और वे किस प्रकार भाव-विभोर हो जाते हैं, यही सूर का विषय है, जिसमें प्रबंध काव्य होने की क्षमता नहीं है। ये भाव तो हृदय की वस्तु हैं और हृदय की अभिव्यक्ति गीतों में ही हो सकती है। इसी कारण सूर की वाणी में उनके भाव गीतों के रूप में फूट पड़े हैं। उनकी कथा ब्रज के बाह्य रंगमंच पर चलती हुई, देश-काल के अनुसार विकास पाती हुई भ्रमर-गीत में पहुँचकर पूर्ण विकास को प्राप्त होती है और भ्रमर-गीत में गोपियों का हृदय बोलता है।

अतः हम कह सकते हैं कि सूर की कथा में मौलिकता है, कथा-संगठन अपने ढंग पर है। उसमें भावना का मंजुल सरस प्रवाह, गीतों की मधुरिमा एवं कोमलता, कथा की संबद्धता आदि सभी कुछ है। ऊपर से हमें वह ब्रजभूमि की सरस क्रीड़ा लगती है, किंतु उसके अंतर में नंद-यशोदा, गोपियों और राधा का हृदय स्पंदित होता दृष्टिगत होता है। यद्यपि 'सूरसागर' के लिए श्रीमद्भागवत अपना विशिष्ट स्थान रखता है, वह उनके दशम स्कंध पर आधारित है; किंतु सूर भागवत की कथा का सा रूप 'सूरसागर' में प्रस्तुत नहीं कर सके। उनकी सहृदयता, प्रतिभा और प्रकृति ने उन्हें कथा को उसी रूप में नहीं चलने दिया अपितु उसे अपने साँचे में ढालने को विवश किया।

इस प्रकार हम कह सकते हैं कि 'सूरसागर' में सूर अपने मौलिक रूप में

प्रकट हुए हैं तथा कथा का संगठन और उनका क्रम भी सूर ने अपने अनुकूल ही रखा है, यद्यपि भागवत की कथाओं में व्यतिक्रम नहीं होने दिया है।

भ्रमर गीत

भ्रमर गीत हिंदी साहित्याकाश के सूर 'सूर' की एक अनूठी रचना है। इसकी कथा भागवत के दशम स्कंध पूर्वार्द्ध के 47वें अध्याय में 12वें श्लोक तक के प्रसंग के आधार पर है। जब कंस श्रीकृष्ण के वध के अनेक षड्‌यंत्र रचकर उनका कुछ न बिगाड़ सका तो अतत: अक्रूर द्वारा कृष्ण व बलराम को यज्ञ में निमंत्रण देकर बुलवाया। वहाँ पहुँचने पर कृष्ण ने कंस का वध किया और उग्रसेन को राजसिंहासन पर आरूढ़ कराया। कंस-वध के उपरांत कृष्ण ने अपने माता-पिता को कारागृह से मुक्त कराया और राजमहलों में आनंद से रहने लगे, साथ ही राजमहल की एक दासी कुब्जा पर प्रसन्न होकर उसे भी अपना प्रेमपात्र बना लिया। इधर कृष्ण का यह हाल था और उधर उसके वियोग में ब्रज के गोप-गोपांगनाएँ अत्यंत व्याकुल होने लगे। स्मरण रहे कि जब कृष्ण गोकुल से मथुरा आए थे तो उन्होंने एक निश्चित अवधि के अंतर्गत लौट आने का ब्रजवासियों को वचन दिया था। जब वे नियत समय तक न लौट सके तो उन्होंने कृष्ण को संदेश भेजने आरंभ किए। इन संदेशों के प्रत्युत्तर-स्वरूप कृष्ण ने अपने भाई उद्धव को उनके पास संदेश लेकर भेजा। अब प्रश्न यह आता है कि कृष्ण ने उद्धव को ही क्यों भेजा, अन्य किसी को क्यों नहीं? इसमें भी एक सार है। बात यह थी कि उद्धव योग और ज्ञान के प्रकांड पंडित थे। उन्हें अपने पांडित्य पर अभिमान था। प्रेम और भक्ति की वे अवहेलना करते थे। कृष्ण को प्रेम और भक्ति की योग और ज्ञान पर विजय करवानी थी तथा उद्धव के अभिमान को चूर कराना था। अत: उन्हें ही वहाँ भेजा गया।

संक्षेप में, भ्रमर-गीत सूरदासजी की एक अनूठी रचना है। भ्रमर-गीत द्वारा सूरदास ने उद्धव के ज्ञान और योग के आडंबर को दूर कर प्रेम और भक्ति का प्रकाश फैलाया है। सूरदास ने योगासक्त गोपियों के तर्कों द्वारा उद्धव के योग और ज्ञान से पराभूत गर्व को चूर-चूर करवाया है और इस प्रकार अपने उद्‌देश्य की पूर्ति की है।

□

विनय पदावली

चरन-कमल बंदौं हरि-राई।
जाकी कृपा पंगु गिरि लंघै, अंधे कौं सब कछु दरसाई॥
बहिरौ सुनै, मूक पुनि बोलै, रंक चलै सिर छत्र धराई।
सूरदास स्वामी करुनामय, बार-बार बंदौं तिहि पाई॥

मैं उन सर्वेश्वर भगवान् श्रीहरि के चरण-कमलों की वंदना करता हूँ, जिनकी कृपा पाकर पंगु भी पर्वत को पार करने में समर्थ हो जाता है, नेत्रहीन को भी दिखाई देने लगता है, बहरा सुनने लगता है तथा गूँगा बोलने लगता है। जिनकी कृपा होते ही कंगाल भी सिर पर छत्र धारण करके चलनेवाला नरेश हो जाता है। सूरदास कहते हैं कि मैं उस करुणामय भगवान् श्रीहरि के चरणों की बारंबार वंदना करता हूँ।

बंदौ चरन-सरोज तिहारे।
सुंदर स्याम कमल-दल-लोचन, ललित त्रिभंगी प्रान-पियारे।
जे पद-पदुम सदा सिव के धन, सिंधु-सुता उर तैं नहिं टारे।
जे पद-पदुम तात-रिस-त्रासत, मन-बच-क्रम प्रहलाद सँभारे॥
जे पद-पदुम-परस जल-पावन-सुरसरि-दरस कटत अघ भारे।
जे पद-पदुम परस तिषि-पतिनी, बलि, नृग, ब्याध, पतित बहु तारे॥
जे पद-पदुम रमत बृंदाबन अहि-सिर धरि, अगनित रिपु मारे।
जे पद-पदुम परसि ब्रज-भामिनि सरबस दै, सुत-सदन बिसारे॥
जे पद-पदुम रमत पांडव-दल, दूत भए सब काज सँवारे।
सूरदास तेई पद-पंकज, त्रिबिध-ताप-दुख-हरन हमारे॥

हे कमललोचन श्यामसुंदर! मैं आपके चरण-कमलों की बारंबार वंदना करता हूँ। हे प्रभु! आपके चरण भगवान् शिव का परम धन हैं, जिन्हें लक्ष्मी अपने हृदय से कभी दूर नहीं करतीं; पिता हिरण्यकशिपु के अत्याचारों को झेलते हुए भी जिन्हें भक्त प्रह्लाद ने कभी विस्मृत नहीं किया; जिनके चरणों का आश्रय पाकर गंगा भी परम पवित्र हो गईं; जिनके दर्शन मात्र से पापियों के पापों का नाश हो जाता है; जिन चरणों ने ब्रज में अनेक पापियों और दुष्टों का उद्धार किया; जिन चरण-कमलों का स्पर्श पाकर गोपियों ने अपना सर्वस्व न्योछावर कर दिया, उन चरण-कमलों को बारंबार नमस्कार। सूरदास कहते हैं कि वे परम पुण्यमय चरण-कमल आधिभौतिक, आधिदैविक एवं आध्यात्मिक अर्थात् तीनों तापों का नाश करने एवं दु:खों का हरण करने वाले हैं।

अबिगत-गति कछु कहंत न आवै।
ज्यौं गूँगै मीठे फल कौ रस अंतरगत हीं भावै॥
परम स्वाद सबही सु निरंतर अमित तोष उपजावै।
मन-बानी कौं अगम-अगोचर सो जानै जो पावै॥
रूप-रेख-गुन-जाति-जुगति-बिनु निरालंब कित धावै।
सब बिधि अगम बिचारहिं तातैं सूर सगुन-पद गावै॥

सूरदास कहते हैं कि जिसे जाना नहीं जा सकता, उसके स्वरूप का वर्णन करना असंभव है। जिस प्रकार गूँगा व्यक्ति मीठे फल के रस को हृदय में अनुभव करता है, उसका वर्णन नहीं कर सकता, उसी प्रकार वह परब्रह्म आनंद-स्वरूप तथा तुष्टि-प्रदायक है। इसका वर्णन मन और जिह्वा द्वारा असंभव है। यह इंद्रियों से परे है। अत: उस निर्गुण को सब प्रकार से अगम्य जानकर सूरदास कहते हैं कि मैं केवल उस परब्रह्म के सगुण स्वरूप की लीला का गान करता हूँ।

बासुदेव की बड़ी बड़ाई।
जगत-पिता, जगदीस, जगत-गुरु निज भक्तनि की सहत ढिठाई॥
भृगु कौ चरन राखि उर ऊपर, बोले बचन सकल-सुखदाई।
सिव-बिरंचि मारन कौं धाए, यह गति काहू देव न पाई॥

बिनु बदलैं उपकार करत हैं, स्वारथ बिना करत मित्राई।
रावन अरि कौ अनुज बिभीषन, ता कौं मिले भरत की नाई॥
बकी कपट करि मारन आई, सो हरि जू बैकुंठ पठाई।
बिनु दीन्हें ही देत सूर प्रभु, ऐसे हैं जदुनाथ गुसाईं॥

यह भगवान् श्रीकृष्ण की महानता है कि जगत् के पिता, तीनों के स्वामी तथा त्रिलोकी के परम गुरु होने के बाद भी वे भक्तों की धृष्टता को शांतिपूर्वक सह लेते हैं। उन्होंने महर्षि भृगु के पैरों का चिह्न अपने हृदय में अंकित कर उन्हें मधुर वचनों द्वारा ही संबोधित किया। जबकि भगवान् शिव और ब्रह्माजी महर्षि को मारने के लिए उद्यत हो गए थे। इतनी दया और भक्त-वत्सलता श्रीहरि के अतिरिक्त किसी अन्य देवता में नहीं है। रावण से शत्रुता होते हुए भी उसके भाई विभीषण से भरत के समान मिले। कपटी पूतना को भी माता का स्थान देकर बैकुंठ भेज दिया। सूरदास कहते हैं कि मेरे स्वामी भगवान् श्रीकृष्ण इतने दयामय हैं कि बिना कुछ माँगे ही भक्तों को सबकुछ प्रदान कर देते हैं।

करनी करुना-सिंधु की, मुख कहत न आवै।
कपट हेतु परसैं बकी, जननी गति पावै॥
बेद-उपनिषद जासु कौं, निरगुनहिं बतावै।
सोइ सगुन है नंद की दाँवरी बँधावै॥
उग्रसेन की आपदा सुनि-सुनि बिलखावै।
कंस मारि, राजा करै, आपहु सिर नावै॥
जरासंध बंदी कटैं नृप-कुल जस गावै।
अस्मय-तन गौतम-तिया कौ साप नसावै॥
लच्छा-गृह तैं काढ़ि कैं पांडव गृह ल्यावै।
जैसे गौ बच्छ कैं सुमिरत उठि धावै।
बरुन-पास तैं ब्रजपतिहिं छन माहिं छुड़ावै।
दुखित गयंदहिं जानि कै आपुन उठि धावै॥
कलि मैं नामा प्रगट ताकि छानि छवावै।
सूरदास की बीनती कोउ लै पहुँचावै॥

भगवान् श्रीहरि इतने करुणामय हैं कि उनके कार्यों का वर्णन नहीं किया

जा सकता। उनके स्पर्श मात्र से राक्षसी पूतना माता का स्थान प्राप्त कर बैकुंठ चली गई। वेद और उपनिषद् जिन्हें निर्गुण बताते हैं, वे परब्रह्म भगवान् सगुण रूप से ब्रजराज नंद के घर में यशोदा द्वारा स्वयं को रस्सी में बँधवा लेते हैं, कंस को मारकर राजा उग्रसेन को पुनः राजा बनाते हैं, मगध-नरेश जरासंध की कैद में पड़े राजाओं को मुक्त कर उनका उद्धार करते हैं। महर्षि गौतम की पत्नी अहल्या का शिला रूप से उद्धार कर उनके समस्त पाप नष्ट कर देते हैं। जिस प्रकार बछड़े द्वारा पुकारे जाने पर गाय दौड़ी आती है, उसी प्रकार लाक्षागृह से पांडवों को बचाकर उन्हें पुनः उनके घर ले आए। वरुण के पाश में फँसे हुए नंदजी को छुड़वा लाए, गजराज के पुकारने पर उसके दुःखों का हरण किया, कलियुग में नामदेव का छप्पर छवाया। सूरदास कहते हैं कि मेरे प्रभु ऐसे दयामय हैं। किंतु मैं असमर्थ हूँ, अतः कोई मेरी प्रार्थना उन प्रभु तक पहुँचा दे।

जहाँ-जहाँ सुमिरे हरि जिहिं बिधि, तहँ तैसें उठि धाए (हो)।
दीन-बंधु हरि, भक्त-कृपानिधि, बेद-पुराननि गाए (हो)॥
सुत कुबेर के मत्त-मगन भए, बिषै-रस नैननि छाए (हो)।
मुनि सराप तैं भए जमलतरु, तिन्ह हित आपु बँधाए (हो)॥
पट कुचैल, दुरबल द्विज देखत, ताके तंदुल खाए (हो)।
संपति दै वाकी पतिनी कौं, मन-अभिलाष पुराए (हो)॥
जब गज गह्यौ ग्राह जल-भीतर, तब हरि कौं उर ध्याए (हो)॥
गरुड़ छाँड़ि, आतुर है धाए, सो ततकाल छुड़ाए (हो)॥
कलानिधान, सकल-गुन-सागर, गुरु धौं कहा पढ़ाए (हो)।
तिहि उपकार मृतक सुत जाँचे, सो जमपुर तैं ल्याए (हो)॥
तुम मो-से अपराधी माधव, केतिक स्वर्ग पठाए (हो)।
सूरदास प्रभु भक्त-बछल तुम, पावन-नाम कहाए (हो)॥

सूरदास कहते हैं कि भक्त जिस भाव से प्रभु का स्मरण करते हैं, वे उसी भाव के अनुरूप प्रकट होकर उनकी सहायता करते हैं। भगवान् श्रीहरि परम दयालु, भक्त-वत्सल और कृपामय हैं, यह वेदों और पुराणों में भी कहा गया है। नारदजी के शाप के कारण जब कुबेर के कामांध पुत्र यमलार्जुन वृक्ष बनकर ब्रज में दुःख भोग रहे थे, तब बालरूप भगवान् श्रीकृष्ण ने कमर में

ऊखल बाँधकर उनका उद्धार किया। सुदामा के दो मुट्ठी चावल के प्रतिकार-स्वरूप उन्होंने उसे अपार ऐश्वर्य और वैभवता के साथ-साथ मोक्ष प्रदान कर दिया। जब ग्राह ने गजराज को पकड़ लिया था, तब गजराज की करुण पुकार सुनकर वे दौड़े आए और उसके दु:ख का हरण किया। गुरु-दक्षिणा के रूप में उन्होंने सांदीपनि मुनि के मृत पुत्र को जीवित कर दिया। सूरदास कहते हैं कि हे प्रभु! आप भक्त-वत्सल हैं। आपका पतितपावन नाम समस्त पापों का नाश करनेवाला है। हे माधव! आपने मुझ जैसे अनगिनत अधर्मियों को मोक्ष प्रदान किया है, अत: मुझ पापी का भी उद्धार करें।

हरि सौं ठाकुर और न जन कौं।
जिहिं-जिहिं बिधि सेवक सुख पावै, तिहिं बिधि राखत मन कौं॥
भूख भए भोजन जु उदर कौं, तृषा तोय, पट तन कौं।
लग्यौ फिरत सुरभी ज्यों सुत-सँग, औचट गुनि गृह बन कौं॥
परम उदार चतुर चिंतामनि, कोटि कुबेर निधन कौं।
राखत है जिनकी परतिज्ञा, हाथ पसारत कन कौं॥
संकट परैं तुरत उठि धावत, परम सुभट निज पन कौं।
कोटिक करै एक नहिं मानै, सूर महा कृतघन कौं॥

भगवान् श्रीहरि के अतिरिक्त भक्तों का उद्धार करनेवाला दूसरा कोई नहीं है। भक्त जिस प्रकार से सुख का अनुभव करते हैं, भगवान् श्रीहरि उन्हें उसी प्रकार का सुख प्रदान करते हैं। जिस प्रकार गाय बछड़े के साथ-साथ रहती है, वन में चरते समय भी उसका चित्त बछड़े की ओर लगा रहता है, उसी प्रकार भगवान् का मन अपने भक्तों में रमता है। वे परम उदार, दयालु और निर्धनों को भी अतुल्य ऐश्वर्य प्रदान करनेवाले हैं। भक्त को संकट में देखकर वे शीघ्रता से उसकी सहायता के लिए तत्पर हो जाते हैं। सूरदास कहते हैं कि इस प्रकार प्रभु भक्तों पर अनेक उपकार करते हैं, लेकिन उनमें से कोई भी जीव इसे नहीं मानता। भला उनसे बड़ा कृतघ्न कौन होगा!

गोबिंद प्रीति सबनि की मानत।
जिहिं-जिहिं भाइ करत जन सेवा, अंतर की गति जानत॥

सबरी कटुक बेर तजि मीठे, चाखि गोद भरि ल्याई॥
जूठनि की कछु संक न मानी, भच्छ किए सत भाई॥
संतत भक्तमीत हितकारी स्याम बिदुर कैं आए॥
प्रेम-बिकल अति आनँद उर धनि, कदली-छिकुला खाए॥
कौरव-काज चले रिषि सापन, साक-पत्र सु अघाए॥
सूरदास करुना निधान प्रभु, जुग-जुग भक्त बढ़ाए॥

भक्तों के प्रति भगवान् श्रीकृष्ण के समर्पण भाव का वर्णन करते हुए सूरदास कहते हैं कि गोविंद सभी के प्रेम को स्वीकार करते हैं। जिस-जिस भाव से भक्तजन उनका स्मरण करते हैं, वे उस भाव को जानकर उसी के अनुसार व्यवहार करते हैं। शबरी ने अपने जूठे बेर भगवान् श्रीराम को अर्पित किए और उन्होंने बिना किसी संकोच के श्रद्धाभाव से उन्हें ग्रहण किया। जब श्रीकृष्ण विदुर के घर गए, तब उनकी भक्ति से विह्वल होकर उन्होंने केले के छिलके खाए। कौरवों की भलाई हेतु जब महर्षि दुर्वासा पांडवों को शाप देने वन में गए, तब श्रीकृष्ण ने शाक का पत्ता खाकर उन्हें तृप्त कर दिया। सूरदास कहते हैं कि हे प्रभु! आप करुणानिधान हैं। आपने प्रत्येक युग में अपने भक्तों की समस्त इच्छाएँ पूर्ण की हैं।

और न काहुहिं जन की पीर।
जब-जब दीन दुखी भयौ, तब-तब कृपा करी बलबीर॥
गज बलहीन बिलोकि दसौ दिसि, तब हरि-सरन पर्‌यौ।
करुनासिंधु दयाल दरस दै, सब संताप हर्‌यौ॥
गोपी-ग्वाल-गाय-गोसुत-हित सात दिवस गिरि लीन्ह्यौ।
मागध हत्यौ, मुक्त नृप कीन्हें, मृतक बिप्र-सुत दीन्ह्यौ॥
श्रीनृसिंह बपु धर्‌यौ असुर हति, भक्त-बचन प्रतिपार्‌यौ।
सुमिरत नाम द्रुपद-तनया कौ पट अनेक बिस्तार्‌यौ॥
मुनि-मद मेटि दास-ब्रत राख्यौ, अंबरीष-हितकारी।
लाखा-गृह तैं सत्रु-सैन तैं पांडव-बिपति निवारी॥
बरुन-पास ब्रजपति मुकरायौ दावानल-दुख टार्‌यौ।
गृह आने बसुदेव-देवकी, कंस महाखल मार्‌यौ॥

सो श्रीपति जुग-जुग सुमिरन-बस, बेद बिमल जस गावै।
असरन-सरन सूर जाँचत है, को अब सुरति करावै॥

भगवान् श्रीकृष्ण की उदारता के विषय में बताते हुए सूरदास कहते हैं कि उनके अतिरिक्त अन्य किसी को भक्तों के दुःख से दुःख नहीं होता। जब-जब दीन दुःखी हुए हैं, तब-तब श्रीकृष्ण ने विभिन्न अवतार धारण कर उनके कष्टों का निवारण किया है। संकट में फँसे बलहीन गजराज ने चारों ओर से निराश होकर भगवान् का स्मरण किया। तब श्रीहरि ने दर्शन देकर उसके सभी कष्ट हर लिये। अहंकारी इंद्र द्वारा कुपित हो जाने पर उन्होंने ही अपनी उँगली पर सात दिन तक गोवर्धन धारण कर गोप-गोपियों सहित ब्रज के जीवों की रक्षा की थी। उन्होंने ही जरासंध को मारकर बंदी राजाओं को मुक्त करवाया। गुरु संदीपनि के मृत पुत्र को पुनर्जीवित कर दिया। नृसिंह रूप धारण करके दैत्य हिरण्यकशिपु का संहार किया और भक्त प्रह्लाद के वचन की रक्षा की। चीर-हरण के समय द्रौपदी द्वारा पुकारे जाने पर उसके वस्त्र को अपरिमित बढ़ा दिया और इस प्रकार उसकी लाज बचाई। दुर्वासा मुनि के अहंकार का नाश कर भक्त अंबरीष का कल्याण किया। पापी कंस को मारकर पृथ्वी को उसके पापों से मुक्त किया। ऐसे परम दयालु भगवान् श्रीहरि केवल स्मरण द्वारा ही वश में किए जा सकते हैं। सूरदास कहते हैं कि मैं उन्हीं श्रीहरि से शरण देने की याचना करता हूँ।

जैसें तुम गज कौ पाउँ छुड़ायौ।
अपने जन को दुखित जानि के पाउँ पियादे धायौ॥
जहँ-जहँ गाढ़ परी भक्तनि कौं, तहँ-तहँ आपु जनायौ।
भक्ति-हेत प्रहलाद उबार्‌यौ, द्रौपदि-चीर बढ़ायौ॥
प्रीति जानि हरि गए बिदुर कैं, नामदेव-घर छायौ।
सूरदास द्विज दीन सुदामा, तिहिं दारिद्र नसायौ॥

भगवान् श्रीकृष्ण से विनती करते हुए सूरदास कहते हैं कि हे प्रभु! जिस प्रकार आपने मुसीबत में फँसे गजराज की सहायता की, उसकी पुकार सुनकर दौड़े चले आए, उसी प्रकार भक्तों पर संकट आने की स्थिति में आपने उन पर कृपा की। भक्त प्रह्लाद के प्राण तथा द्रौपदी के मान की रक्षा की। विदुर के प्रेम

को जानकर उन्होंने समस्त सुख त्याग दिए और उनके घर गए। भक्त नामदेव के घर का छप्पर लगाया। सूरदास कहते हैं कि हे प्रभु! इसी प्रकार आपने सुदामा की दरिद्रता नष्ट कर दी।

नाथ अनाथनि ही के संगी।
दीनदयाल परम करुनामय, जनहित हरि बहुरंगी॥
पारथ-तिय कुरुराज सभा मैं बोलि करन चहै नंगी।
स्रवन सुनत करुना-सरिता भए, बाढ़्यौ बसन उमंगी॥
कहा बिदुर की जाति बरन है, आइ साग लियौ मंगी।
कहा कूबरी सील-रूप-गुन, बस भए स्याम त्रिभंगी॥
ग्राह गह्यौ गज बल बिनु ब्याकुल, बिकल गात गति लंगी।
धाइ चक्र लै ताहि उबार्‌यौ ग्राह बिहंगी॥
कहा कहौं हरि केतिक तारे, पावन-पद पतरंगी।
सूरदास यह बिरद स्रवन सुनि, गरजत अधम अनंगी॥

भगवान् श्रीहरि अनाथों के नाथ हैं। भक्तों पर कृपा करने तथा उनके दुःखों का हरण करने के लिए श्रीहरि विभिन्न प्रकार की लीलाएँ करते हैं। दुष्ट कौरवों ने द्रौपदी को भरी सभा में नग्न करने का प्रयास किया। लेकिन द्रौपदी की करुण पुकार सुनकर आपने उसी समय सभा में अदृश्य रूप से उपस्थित होकर उसके वस्त्र को अपरिमित बढ़ा दिया। दासी-पुत्र विदुर एक सामान्य पुरुष थे। परंतु उनके प्रेमभाव से मोहित होकर श्रीकृष्ण उनके घर गए और शाक खाया। कुब्जा जैसी कुलहीन और कुरूप युवती के भक्ति-प्रेम में वे सहज ही बँध गए। संकट में फँसे गजराज की सहायता की। सूरदास कहते हैं कि श्रीहरि ने उन पर विश्वास करनेवाले असंख्य भक्तों का उद्धार किया है, इसका वर्णन नहीं किया जा सकता।

भक्तनि हित तुम कहा न कियौ ?
गर्भ परीच्छित रच्छा कीन्ही, अंबरीष-ब्रत राखि लियौ॥
जन प्रहलाद-प्रतिज्ञा पुरई, सखा बिप्र-दारिद्र हयौ।
अंबर हरत द्रौपदी राखी, ब्रह्म इंद्र कौ मान नयौ॥
पांडव कौ दूतत्व कियो पुनि, उग्रसेन कौं राज दयौ।

राखी पैज भक्तभीषम की, पारथ कौ सारथी भयौ॥
दुखित जानि दोउ सुत कुबेर के, नारद-साप-निबृत कियौ।
करि बल-बिगत उबारि दुष्ट तैं, ग्राह ग्रसत बैकुंठ दियौ॥
गौतम की पतिनी तुम तारी, देव दवानल कौं अँचयौ।
सूरदास-प्रभु भक्त-बछल हरि, बलिद्वारैं दरवान भयौ॥

भगवान् की उदारता के विषय में सूरदास कहते हैं कि हे प्रभु! भक्तों के मंगल के लिए आपने हरसंभव कार्य किया। परीक्षित की गर्भ में ही रक्षा की, अंबरीष का व्रत रखा, प्रह्लाद की प्रतिज्ञा पूर्ण की, सुदामा की दरिद्रता दूर की, द्रौपदी की लाज बचाई, ब्रह्मा एवं इंद्र का गर्व चूर किया, पांडवों की सहायता की, उग्रसेन को पुनः राजा बनाया, सारथि बनकर युद्ध में अर्जुन का मार्गदर्शन किया, यमलार्जुन एवं गजराज का उद्धार किया तथा महर्षि गौतम की पत्नी अहल्या के पापों का नाश कर उन्हें शाप-मुक्त किया। सूरदास कहते हैं कि श्रीहरि इतने भक्त-वत्सल हैं कि दैत्यराज बलि के द्वार के द्वारपाल तक बन गए।

मोहन के मुख ऊपर वारी।
देखत नैन सबै सुख उपजत, बार-बार ता तैं बलिहारी॥
ब्रह्मा बाल बछरुवा हरि गयौ, सो ततछन सारिखे सँवारी।
कीन्हौं कोप इंद्र बरषा रितु, लीला लाल गोबर्धन धारी॥
राखी लाज समाज माहिं जब, नाथ-नाथ द्रौपदी पुकारी।
तीनि लोक के ताप-निवारन, सूर स्याम सेवक-सुखकारी॥

मोहन के मुख पर मैं न्योछावर हूँ। नेत्रों द्वारा उनके मुख को देखने से अपार आनंद होता है तथा मैं बारंबार उनपर बलिहारी जाता हूँ। अज्ञान एवं मोह के वशीभूत होकर ब्रह्माजी ने गोपालों एवं बछड़ों का हरण कर लिया था। तब श्रीकृष्ण ने उसी समय वैसे ही गोपाल और बछड़े बना दिए। अहंकारी इंद्र ने कुपित होकर भयंकर वृष्टि आरंभ कर दी। लेकिन श्याम ने खेल-ही-खेल में गोवर्धन को धारण कर संपूर्ण ब्रज की रक्षा की। द्रौपदी द्वारा 'हे कृष्ण' पुकारते ही भरी सभा में उसकी लाज बचाई। सूरदास कहते हैं कि श्रीकृष्ण तीनों लोकों का ताप हरने तथा भक्तों को सुख प्रदान करने वाले हैं।

गोबिंद गाढ़े दिन के मीत।
गज अरु ब्रज, प्रह्लाद, द्रौपदी, सुमिरत ही निहचीत॥
लाखागृह पांडवनि उबारे, साक-पत्र मुख नाए।
अंबरीष-हित साप निवारे, ब्याकुल चले पराए॥
नृप-कन्या कौ ब्रह प्रतिपार्‌यौ, कपट बेष इक धार्‌यौ,।
ता मैं प्रगट भए श्रीपति जू, अरि-गन-गर्ब प्रहार्‌यौ॥
कोटि छ्यानबै नृप-सेना सब जरासंध बँध छोरे।
ऐसै जन परतिज्ञा राखत, जुद्ध प्रगट करि जोरे॥
गुरु-बांधव-हित मिले सुदामहि तंदुल पुनि-पुनि जाँचत।
भगत बिरह कौ अतिहीं कादर, असुर-गर्ब-बल नासत॥
संकट-हरन-चरन हरि प्रगटे, बेद बिदित जस गावै।
सूरदास ऐसे प्रभु तजि कै, घर-घर देव मनावै॥

गोविंद विपत्तिकाल के मित्र हैं। गजराज, प्रह्लाद, द्रौपदी एवं ब्रजवासियों ने संकट के समय भगवान् का स्मरण किया और उनके समस्त दुःखों का नाश हो गया। उन्होंने ही पांडवों की दुर्वासा मुनि से रक्षा की, अंबरीष को दुर्वासा के शाप से मुक्त किया, रुक्मिणी के व्रत की रक्षा की, रुक्मिणी का हरण करने के बाद शत्रु राजाओं का अहंकार खंडित कर दिया। जरासंध द्वारा बंदी बनाए गए 96 करोड़ राजाओं की प्राण-रक्षा की। भगवान् श्रीकृष्ण इसी प्रकार अपने भक्तों के संकटों का हरण करते हैं। तीन मुट्ठी चावल के बदले अतुल्य ऐश्वर्य देकर सुदामा की दरिद्रता दूर कर दी। भगवान् श्रीहरि ने ही समय-समय पर अनेक अवतार धारण कर दैत्यों से तीनों लोकों की रक्षा कर देवताओं को अभय प्रदान किया। सूरदास कहते हैं कि ऐसे परम दयालु, संकटमोचन और परब्रह्म भगवान् को छोड़कर अज्ञानी लोग व्यर्थ में इधर-उधर भटकते रहते हैं।

हरि के जन सब तैं अधिकारी।
ब्रह्मा महादेव तैं को बड़, तिन की सेवा कछु न सुधारी॥
जाँचक पैं जाँचक कहा जाँचै? जौ जाँचै तौ रसना हारी।
गनिका-सुत सोभा नहिं पावत, जाके कुल कोऊ न पिता री॥
तिन की साखि देखि हिरनाकुस, कुटुँब-सहित भइ ख्वारी।
सिला तरी जल माहिं सेत बँधि, बलि वह चरन अहिल्या तारी।

जे रघुनाथ सरन तकि आए, तिन की सकल आपदा टारी॥
जिहि गोबिंद अचल ध्रुव राख्यौ, रबि-ससि किए प्रदच्छिनकारी।
सूरदास भगवंत-भजन बिनु, धरनी जननि बोझ कत भारी॥

हरि-भक्त ही सबसे श्रेष्ठ और उत्तम हैं। ब्रह्मा और शिव से बड़ा भला कौन है? लेकिन उनकी सेवा से भी कुछ प्राप्त नहीं होता। एक भिक्षुक दूसरे भिक्षुक को भला क्या दे सकता है? ब्रह्मा एवं शिव का भक्त होने पर भी दैत्य हिरण्यकशिपु का परिवार सहित नाश हो गया और भगवान् श्रीहरि ने प्रह्लाद की प्रतिज्ञा पूर्ण की। विभीषण को लंका का राजा बना दिया। उनके नाम की महिमा से जल में शिलाएँ तैरने लगीं और समुद्र पर पुल बन गया। मैं उन चरणों पर बलिहारी हूँ, जिनके स्पर्श मात्र से पत्थर बनी अहल्या पुनः जीवित हो गई। जो भी उनकी शरण में जाता है, भगवान् श्रीहरि उनके समस्त दुःख हर लेते हैं। सूरदास कहते हैं कि जिसने भक्त ध्रुव को आकाश में अचल स्थान प्रदान किया; सूर्य-चंद्र आदि ग्रह भी नित्य जिनकी परिक्रमा करते हैं, उन भगवान् श्रीहरि का भजन न करनेवाला मनुष्य पृथ्वी पर भार के समान है।

हरि के जन की अति ठकुराई।
महाराज, रिषिराज, राजमुनि, देखत रहे लजाई॥
निरभय देह राज-गढ़ ताकौ, लोक मनन-उतसाहू।
काम, क्रोध, मद, लोभ, मोह, ये भए चोर तैं साहू॥
दृढ़ बिस्वास कियौ सिंहासन, तापर बैठे भूप।
हरि-जस बिमल छत्र सिर ऊपर, राजत परम अनूप॥
हरि-पद-पंकज पियौ प्रेम-रस, ताहि कैं रँग रातौ।
मंत्री ज्ञान न औसर पावै, कहत बात सकुचातौ॥
अर्थ-काम दोउ रहैं दुवारैं, धर्म-मोक्ष सिर नावैं।
बुद्धि-बिबेक बिचित्र पौरिया, समय न कबहूँ पावैं॥
अष्ट महासिधि द्वारे ठाढ़ीं, कर जोरे डर लीन्हे।
छरीदार बैराग बिनोदी, झिरकि बाहिरैं कीन्हे॥
माया, काल, कछू नहिं ब्यापै, यह रस-रीति जो जानै।
सूरदास यह सकल समग्री, प्रभु-प्रताप पहिचानै॥

हरि-भक्तों का स्वामित्व महान् है। उनके प्रभुत्व को देखकर बड़े-बड़े राजा-महाराजा एवं ऋषि-मुनि भी लज्जित हो जाते हैं। भय-रहित शरीर भक्तों के लिए राजभवन है तथा भगवान् के चिंतन में उत्साह उनकी प्रजा है। काम, क्रोध, मद, लोभ एवं अहंकार आदि विकार लुटेरे थे; लेकिन प्रभु-भक्ति से अब ये साधु, विनीत एवं आज्ञाकारी हो गए हैं। दृढ़ विश्वास रूपी सिंहासन पर भक्त राजा रूप में विराजमान होता है। भगवान् का निर्मल सुयश उसका छत्र है, जबकि वह प्रतिदिन प्रभु के चरण-कमलों के मकरंद का पान करता है। ज्ञान उसका मंत्री तथा अर्थ एवं काम उसके सेवक हैं। उसके समक्ष धर्म और मोक्ष सदैव नतमस्तक रहते हैं। बुद्धि और विचार रूपी द्वारपालों के भय के कारण चारों पुरुषार्थ उसके निकट नहीं आ पाते। आठों महासिद्धियाँ हाथ जोड़े द्वार पर खड़ी रहती हैं, परंतु वैराग्य रूपी चक्र उन्हें निकट नहीं आने देता। सूरदास कहते हैं कि केवल भगवान् की कृपा द्वारा ही भक्त-भक्ति के वास्तविक मूल्य को समझता है।

भजन बिनु जीवत जैसैं प्रेत।
मलिन मंद मति डोलत घर-घर, उदर भरन कैं हेत॥
मुख कटु-बचन नित्त पर-निंदा, संगति-सुजस न लेत।
कबहुँ पाप करैं पावत धन, गाड़ि धूरि तिहि देत॥
गुरु-ब्राह्मन अरु संत-सुजन के, जात न कबहुँ निकेत।
सेवा नहिं भगवंत-चरन की, भवन नील कौ खेत॥
कथा नहीं गुन-गीत सुजस हरि, सब काहू दुख देत।
ताकी कथा कहाँ सुनि सूरज, बूड़त कुटुँब समेत॥

भक्ति-रहित मनुष्य की स्थिति का वर्णन करते हुए सूरदास कहते हैं कि भजन के बिना मनुष्य की स्थिति प्रेत के समान है। भक्ति-रहित मनुष्य मन से मलिन और बुद्धि से मंद होकर केवल पेट भरने के लिए इधर-उधर भटकता है। उसकी वाणी अत्यंत कठोर होती है तथा वह निरंतर परनिंदा में लीन रहता है। सत्संग एवं सत्कर्मों से सुयश कमाना उसे अप्रिय लगता है। पाप कर्मों द्वारा धन कमाकर उसका संग्रह करना ही उसका प्रिय कार्य है। गुरु, ब्राह्मण,

साधु, संत आदि की संगत कभी नहीं करता। भगवान् के चरणों से दूर रहने के कारण उसका घर सदैव अपवित्र रहता है। सूरदास कहते हैं कि ऐसे अधर्मी और भक्ति-विहीन मनुष्य कुटुंब सहित घोर नरक भोगता है।

बिनती सुनौ दीन की चित दै, कैसैं तुव गुन गावै?
माया नटी लकुटि कर लीन्हे, कोटिक नाच नचावै॥
दर-दर लोभ लागि लिये डोलति, नाना स्वाँग बनावै।
तुम सौं कपट करावति प्रभु जू, मेरी बुधि भरमावै॥
मन अभिलाष-तरंगनि करि-करि मिथ्या निसा जगावै।
सोवत सपने में ज्यौं संपति, त्यौं दिखाइ बौरावै॥
महा मोहिनी मोहि आतमा, अपमारगहिं लगावै।
ज्यौं दूती पर-बधू भोरि कै, लै पर-पुरुष दिखावै॥
मेरे तो तुम पति तुम ही गति, तुम समान को पावै।
सूरदास प्रभु तुम्हरि कृपा बिनु, को मो दुख बिसरावै॥

सूरदास विनती करते हुए कहते हैं कि हे प्रभु! मुझ दीन की प्रार्थना ध्यानपूर्वक सुनो। हे नाथ! मैं किस प्रकार आपका यशोगान करूँ? सांसारिक माया हाथ में छड़ी लेकर मुझे अनेक प्रकार नचाती रहती है, लोभ का सहारा देकर मुझे इधर-उधर भटकाती है। हे प्रभु! मेरी बुद्धि को भ्रमित कर आपके प्रति कपट कराती है। अनेक कामनाएँ जाग्रत् कर मेरे मन को असत्य रूपी रात्रि में जगाती हैं। हे नाथ! माया बड़ी मोहिनी है। इसके अधीन होकर आत्मा कुमार्ग की अग्रसर होती है। जिस प्रकार कुलहीन अन्य कुलीन स्त्रियों को बहकाकर उन्हें पर-पुरुष की ओर ले जाती हैं, उसी प्रकार माया मुझे आपसे विमुख कर पाप-मार्ग की ओर धकेलती है। सूरदास कहते हैं कि हे प्रभु! मेरे केवल आप ही स्वामी हैं। अत: आपके बिना मेरे दु:खों का हरण कौन कर सकता है?

अब सिर परी ठगौरी देव।
तातैं बिबस भयौं करुनामय, छाँड़ि तिहारी सेव॥
माया-मंत्र पढ़त मन निसि-दिन मोह-मूरछा आनत।
ज्यौं मृग नाभि-कमल निज अनुदिन निकट रहत नहिं जानत॥

भ्रम-मदमत्त, काम-तृष्ना-रस-बेग, न क्रमै गह्यौ।
सूर एक पल गहरु न कीन्ह्यौ, किहिं जुग इतौ सह्यौ॥

माया के प्रभाव का वर्णन करते हुए सूरदास कहते हैं कि हे देव! मेरे सिर पर माया का जादू चल गया है। इसलिए आपकी सेवा से विमुख होकर मैं माया के अधीन हो गया हूँ। मेरा मन दिन-रात निरंतर माया के विषयों का चिंतन करता रहता है। उसमें डूबकर मैं मोह रूपी मूर्च्छा से ग्रस्त हो गया हूँ। जिस प्रकार नाभि में कस्तूरी होते हुए भी मृग उसे बाहर ढूँढ़ते हुए इधर-उधर भटकता रहता है, उसी प्रकार आप मेरे हृदय में स्थित हैं, फिर भी मोह-मद में लीन होकर मेरा जीवन कामना और तृष्णा में उलझ गया है। सूरदास कहते हैं कि हे प्रभु! आपने अपने आश्रितों के उद्धार के लिए एक पल का भी विलंब नहीं किया। फिर मेरे लिए विलंब क्यों कर रहे हो?

माया देखत ही जुग गई।
ना हरि-हित, ना तू-हित, इन मैं एकौ तौ न भई॥
ज्यौं मधुमाखी सँचति निरंतर, बन की ओट लई।
ब्याकुल होत हरे ज्यौं सरबस, आँखिनि धूरि दई॥
सुर-संतान-स्वजन-बनिता-रति, धन समान उनई।
राखे सूर पवन पाखँड हति, करी जो प्रीति नई॥

हे प्रभु! माया के प्रभाव को देखते हुए सारी आयु बीत गई। मैं न तो भगवान् के लिए भजनादि कर सका और न ही माया के भोगों को पाने में सफल हो सका। इस प्रकार लोक और परलोक दोनों ही मेरे नहीं हो सके। जिस प्रकार मधुमक्खी घने वन में निरंतर मधु का संचय करती है, परंतु जब उसका मधु चुरा लिया जाता है तब वह व्याकुल हो जाती है, उसी प्रकार माया ने मेरी आँखों में विकार रूपी धूल झोंक दी—अर्थात् अज्ञान द्वारा आयु रूपी धन छीन लिया। सूरदास कहते हैं कि पुत्र-पौत्रादि संतान, कुटुंबीजन, स्त्री आदि में प्रेम रूपी घटा मेघ के समान छा गई थी, किंतु मैंने जब प्रभु से प्रीति की तो उससे सांसारिक आसक्ति का नाश हो गया।

चौपरि जगत मड़े जुग बीते।
गुन पाँले क्रम अंक चारि गति, सारि न कबहूँ जीते॥
चारि पसार दिसानि मनोरथ, घर फिरि-फिरि गिनि आनै।
काम-क्रोध-मद-संग मूढ़ मन, खेलत हार न मानै॥
बाल-बिनोद बचन हित-अनहित बार-बार मुख भाखै।
मानौ बग बगदाइ प्रथम दिसि आठ-सात-दस नाखै॥
षोड़स जुक्ति, जुबति चित षोड़स षोड़स बरस निहारै।
षोड़स अंगति मिलि प्रजंक पै छ दस अंक फिरि डारै॥
पंद्रह पित्र-काज, चौदह दस-चारि पठे, सर साँधे।
तेरह रतन कनन रुचि द्वादस अंटन जरा जग बाँधे॥
नहिं रुचि पंथ पयादि डरनि छकि पंच एकादस ठानै।
नौ-दस-आठ प्रकृति तृष्ना सुख सदन सात संधानै॥
पंजा पंच प्रपंच नारि पर भजत, सारि फिरि मारी।
चौक चबाउ भरे दुबिधा छकि रस रसना रुचि धारी॥
बाल, किसोर, तरुन, जर, जुग सो सुपक सारि ढिग ढारी।
सूर एक पौ नाम बिना नर फिरि-फिरि बाजी हारी॥

हे प्रभु! संसार रूपी चौपड़ को बिछाए कई युग बीत गए हैं। सत्त्व, रज, तम–त्रिगुण के पासों से, कर्म के अंकों से, बाल, किशोर, यौवन, वृद्धावस्था–चारों गति से कभी भी गोटी जीती नहीं गई। अर्थात् सांसारिक माया में उलझा हुआ मनुष्य जीवन-मृत्यु के चक्र से कभी मुक्त नहीं हुआ। चारों दिशाओं के चारों फैलावों में मनोरथ रूपी घरों (कोष्ठकों) में बार-बार गिनकर (गोटी) लौटा लाता है। अर्थात् अनेक प्रकार की कामनाएँ कर संसार में फँसा रहता है। मूर्ख मन–काम, क्रोध, मद, मोह और लोभ आदि विकारों के साथ बार-बार खेल रहा है। बार-बार मुख से भलाई और बुराई के वचन कहकर मानो प्रतिपक्षी के दाँव को एक ओर टालकर आठ, सात और दस अंक डालता है। अर्थात् सांसारिक मायाजाल में उलझकर विकारों से घिरा मनुष्य निरंतर अवनति की ओर अग्रसर हो रहा है। सूरदास कहते हैं कि बाल, किशोर, यौवन और वृद्धावस्था–ये चारों अवस्थाएँ चार गतियों के समान हैं। इनके द्वारा मनुष्य मोक्ष को प्राप्त कर सकता है। परंतु भोग-विलास एवं कामनाओं में फँसकर वह अपने जीवन को व्यर्थ गँवा देता है।

सूर पदावली / 43

रे मन, गोबिंद के है रहियै।
इहिं संसार अपार बिरत है, जम की त्रास न सहियै॥
दु:ख, सुख, कीरति, भाग आपनैं आइ परै सो गहियै।
सूरदास भगवंत-भजन करि अंत बार कछु लहियै॥

सूरदास मन को संबोधित करते हुए कहते हैं कि हे मन! तुम सदैव गोविंद के बनकर रहना; इस नाशवान् संसार से आसक्ति-रहित हो जा, जिससे नरक की यातना न सहनी पड़ी। दु:ख-सुख, यश-अपयश आदि जो कुछ तुझे मिले, उसे सहर्ष स्वीकार कर लेना चाहिए। सूरदास कहते हैं कि अंत समय में भगवान् का भजन कर इस संसार से मुक्त होने का प्रयास करना चाहिए।

जनम साहिबी करत गयौ।
काया-नगर बड़ी गुंजाइस, नाहिंन कछु बढ़यौ॥
हरि कौ नाम दाम खोटे लौं, झकि-झकि डारि दयौ।
बिषया-गाँव अमल कौ टोटौ, हँसि-हँसि कै उमयौ॥
नैन-अमीन, अधर्मिनि कैं बस, जहँ कौ तहाँ छयौ।
दगाबाज कुतवाल काम रिपु, सरबस लूटि लयौ॥
पाप उजीर कह्यौ सोइ मान्यौ, धर्म-सुधन लुटयौ।
चरनोदक कौं छाँड़ि सुधा-रस, सुरा-पान अँचयौ॥
कुबुधि-कमान चढ़ाइ कोप करि, बुधि-तरकस तिरयौ।
सदा सिकार करत मृग-मन कौ, रहत मगन भुरयौ॥
घेर्‌यौ आइ कुटुम-लसकर मैं, जम अहदी पठयौ।
सूर नगर चौरासी भ्रमि-भ्रमि, घर-घर कौ जु भयौ॥

मेरा जीवन अहंकार में मग्न रहकर ही व्यतीत हो गया। शरीर रूपी नगर में उन्नति के अनेक अवसर थे, अर्थात् भक्ति द्वारा परम पद प्राप्त किया जा सकता था। परंतु अहंकारी मन ने इस अवसर को खो दिया। तुच्छ सांसारिक सुखों को पाने के लिए हरि-नाम रूपी बहुमूल्य धन को फेंक दिया। विषयों में आसक्त होकर प्रसन्नतापूर्वक उनमें विचरण करता रहा। भोगों की प्राप्ति के लिए निरंतर प्रयासरत रहा, लेकिन उसमें भी असफल रहा। काम रूपी शत्रु द्वारा पुण्य रूपी धन को लुटा दिया; पाप-मार्ग पर चलते हुए धर्म रूपी आश्रय खो

दिया। अमृत-रस के समान श्रीहरि के चरण-कमलों को त्यागकर विषय रूपी मदिरा का पान करता रहा। विभिन्न प्रकार के कुचक्रों एवं षड्यंत्रों में उलझकर बुद्धि का पूर्णतया नाश कर लिया। इसी बीच यमराज के दूतों ने कुटुंब रूपी छावनी में आकर घेर लिया। सूरदास कहते हैं कि चौरासी नगरों अर्थात् चौरासी लाख योनियों में भटकते हुए बार-बार जन्म लेता रहा।

जौ हरि-ब्रत निज उर न धरैगौ।
तौ को अस त्राता जु अपुन करि, कर कुठावं पकरैगौ॥
आन देवकी भक्ति भाइ करि, कोटिक कसब करैगौ।
सब वे दिवस चारि मन-रंजन, अंत काल बिगरैगौ॥
चौरासी लख जोनि जन्मि जग, जल-थल भ्रमत फिरैगौ।
सूर सुकृत सेवक सोइ साँचौ, जो स्यामहि सुमिरैगौ॥

हे मन! यदि तू श्रीहरि का भजन हृदय में धारण नहीं करेगा तो भला ऐसा कौन उद्धारक है, जो संकट के समय तेरी सहायता करेगा? श्रीहरि के अतिरिक्त अन्य देवताओं की भक्ति करने तथा उनमें अनेक उलटे-सीधे कर्म करेगा तो भी वे देवता तुझे कुछ समय का सुख प्रदान करेंगे। लेकिन तुम्हारे परलोक को सुधारने की शक्ति उनमें भी नहीं है; तुम चौरासी लाख योनियों में भटकते फिरोगे। सूरदास कहते हैं कि जो श्यामसुंदर का श्रद्धापूर्वक सुमिरन करता है, वही सच्चा पुण्यवान् और सेवक है।

जनम तौ ऐसेहिं बीति गयौ।
जैसें रंक पदारथ पाए, लोभ बिसाहि लयौ॥
बहुतक जन्म पुरीष-परायन, सूकर-स्वान भयौ।
अब मेरी-मेरी करि बौरे, बहुरौ बीज बयौ॥
नर कौ नाम पारगामी हौ, सो तोहि स्याम दयौ।
तैं जड़ नारिकेल कपि-कर ज्यौं, पायौ नाहिं पयौ॥
रजनी गत बासर मृगतृष्ना रस हरि कौ न चयौ।
सूर नंद-नंदन जेहिं बिसर्‌यौ, आहुहिं आपु हयौ॥

हे मन! यह मनुष्य-जन्म माया में उलझकर व्यर्थ ही बीत गया। जिस

प्रकार कंगाल को कोई वस्तु मिल जाए और वह उसमें आसक्त हो जाता है, उसी प्रकार लोभ ने तुझे अपने वश में कर लिया है। सांसारिक वस्तुओं एवं सुखों से मोह करके बार-बार निंदित योनियों में ले जानेवाले कर्मरूपी बीज बोता रहता है। 'नर' का अर्थ है—मनुष्य-जन्म द्वारा संसार रूपी भवसागर से पार उतरने का साधन। श्रीहरि ने तुझे मनुष्य-जन्म दिया। लेकिन तूने इसका सदुपयोग न करके इसे व्यर्थ ही नष्ट कर दिया—अर्थात् विषय-वासनाओं के पीछे दौड़ते हुए जीवन के मूल्यवान् क्षण नष्ट कर दिए। सूरदास कहते हैं कि जिसने भगवान् श्रीकृष्ण को भुला दिया, उसने स्वयं अपना नाश कर लिया।

जो घट अंतर हरि सुमिरै।
ताकौ काल रूठि का करिहै, जो चित चरन धरै॥
कोपै तात प्रहलाद भगत कौं, नामहि लेत जरै।
खंभ फारि नरसिंह प्रगट है, असुर के प्रान हरै॥
सहस बरस गज युद्ध करत भए, छिन इक ध्यान धरै।
चक्र धरैं बैकुँठ तैं धाए, वाकी पैज सरै॥
अजामील द्विज सौ अपराधी, अंतकाल बिडरै।
सुत-सुमिरत नारायन बानी, पार्षद धाइ परै॥
जहँ-जहँ दुसह कष्ट भक्तनि कौं, तहँ-तहँ सार करै।
सूरदास स्याम सेए तैं दुस्तर पार तरै॥

जो हृदय में निरंतर श्रीहरि का सुमिरन करता है, जो अपने चित्त को उनके चरण-कमलों में लीन कर लेता है, काल भी उसका अहित नहीं कर सकता। हिरण्यकशिपु ने पुत्र प्रह्लाद पर अनेक अत्याचार किए, उसे मारने के लिए निरंतर प्रयासरत रहा। किंतु अंत में भगवान् नृसिंह खंभा फोड़कर प्रकट हो गए और दुष्ट हिरण्यकशिपु का संहार कर दिया। गजराज की पुकार पर उसकी सहायता के लिए दौड़े आए। अजामिल जैसे अधर्मी और पापी ब्राह्मण का केवल इसलिए उद्धार कर दिया, क्योंकि अंतिम समय में उसने पुत्र के बहाने 'नारायण' शब्द का उच्चारण किया था। जब-जब भक्तों पर संकट आया, भगवान् ने उनकी रक्षा की। सूरदास कहते हैं कि भगवान् श्यामसुंदर का भजन करनेवाले भवसागर से सहज ही पार हो गए।

बिरधा जन्म लियौ संसार।
करी कबहुँ न भक्ति हरि की, मारी जननी भार॥
जज्ञ, जप, तप नाहि कीन्ह्यौ, अल्प मति बिस्तार।
प्रगट प्रभु नहिं दूरि हैं, तू देखि नैन पसार॥
प्रबल माया ठग्यौ सब जग, जनम जूआ हार।
सूर हरि कौ सुजस गावौ, जाहि मिटि भव-भार॥

सूरदास कहते हैं कि मैंने संसार में व्यर्थ जन्म लिया। मनुष्य-जन्म पाकर भी श्रीहरि की भक्ति नहीं की और व्यर्थ में माता को गर्भ का कष्ट दिया। यज्ञ, जप, तप आदि पुण्यमय कर्मों से कोसों दूर रहा और निरंतर अपनी बुद्धि का नाश करता रहा। माया बड़ी शक्तिशाली है; उसने संपूर्ण संसार को ठग लिया है। इसी के कारण मनुष्य जीवन रूपी अमूल्य धन व्यर्थ में गँवा बैठते हैं। सूरदास कहते हैं कि केवल भगवान् श्रीहरि का यशोगान करो। इसी से संसार का भार दूर होगा।

सबै दिन गए विषय के हेत।
तीनौं पन ऐसैं हीं खोए, केश भए सिर सेत॥
आँखिनि अंध, स्त्रवन नहिं सुनियत, थाके चरन समेत।
गंगाजल तजि पियत कूप-जल, हरि-तजि पूजत प्रेत॥
मन-बच-क्रम जौ भजै स्याम कौं, चारि पदारथ देत।
ऐसौ प्रभू छाँड़ि क्यौं भटकै, अजहूँ चेति अचेत॥
राम नाम बिनु क्यौं छूटौगे, चंद गहैं ज्यौं केत।
सूरदास कछु खरच न लागत, राम नाम मुख लेत॥

हे मन! तेरी संपूर्ण आयु विषय-भोगों में ही बीत गई। तीनों अवस्थाएँ ऐसे ही व्यतीत कर दीं। अब सिर के बाल सफेद हो गए हैं, आँखों से अंधा और कानों से बहरा हो गया है, हाथ-पैर शिथिल पड़ गए हैं। जीवन भर तू श्रीहरि रूपी गंगाजल को छोड़कर विषय रूपी कुएँ का जल पीता रहा। यदि तू मन, वाणी तथा कर्म से श्रीश्यामसुंदर का भजन करे तो चारों पदार्थ अर्थात् धर्म, अर्थ, काम एवं मोक्ष तुझे सहज ही प्राप्त हो जाएँगे। हे मूर्ख! ऐसे परम दयालु प्रभु को छोड़कर तू व्यर्थ में माया रूपी संसार में भटक रहा है। सूरदास कहते

हैं कि राम-नाम का जाप करने में कुछ खर्च नहीं होता। फिर तू उसका नाम क्यों नहीं लेता?

झूठे ही लगि जनम गँवायौ।
भूल्यौ कहा स्वप्न के सुख मैं, हरि सौं चित न लगायौ॥
कबहुँक बैठ्यौ रहसि-रहसि कै, ढोटागोद खिलायौ।
कबहुँक फूलि सभा मैं बैठ्यौ, मूँछनि ताव दिखायौ॥
टेढ़ी चाल, पाग सिर टेढ़ी, टेढ़ै-टेढ़ै धायौ।
सूरदास प्रभु क्यौं नहिं चेतत, जब लगि काल न आयौ॥

संसार के झूठे सुखों के लिए मैंने अपना जीवन गँवा दिया। सांसारिक सुख स्वप्न के समान होते हैं, लेकिन उन्हें प्राप्त करने की कामना में मैंने श्रीहरि से अनुराग नहीं किया। कभी स्नेहवश पुत्र को गोद में बिठाकर खेल खिलाता रहा तो कभी अहंकार में भरकर अनेक कार्य किए। सूरदास कहते हैं कि हे मन! जब तक मृत्यु का समय नहीं आता तब तक प्रभु का सुमिरन क्यों नहीं करता?

अब मैं जानी देह बुढ़ानी।
सीस पाउँ कर कह्यौ न मानत, तन की दसा सिरानी॥
आन कहत आनै कहि आवत, नैन-नाक बहै पानी।
मिटि गइ चमक-दमक अँग-अँग की, मति अरु दृष्टि हिरानी॥
नाहिं रही कछु सुधि तन-मन की, भई जु बात बिरानी।
सूरदास अब होत बिगूचनि भजि लै सारँग पानी॥

अब मैं जान चुका हूँ कि मेरा शरीर बूढ़ा हो गया है। सिर, पैर, हाथ आदि अंग अब मेरा कहना नहीं मानते। तन की दशा अत्यंत दयनीय हो गई है। इच्छा होते हुए भी मुख से वचन नहीं निकलते। बुद्धि एवं दृष्टि लुप्त हो गई है। तन-मन की कोई सुध नहीं रही-अर्थात् प्रायः चेतनाहीन दशा रहने लगी। सूरदास कहते हैं कि हे मन! अब मृत्यु का समय निकट है, इसलिए निरंतर भगवान् श्रीहरि का भजन कर।

अब वे बिपदा हू न रहीं।
मनसा करि सुमिरत हे जब-जब, मिलते तब तबहीं॥

अपने दीन दास के हित लगि, फिरते सँग-सँग हीं।
लेते राखि पलक गोलक ज्यौं, संतत तिन सब हीं॥
रन अरु बन बिग्रह डर आगैं, आवत जहीं-तहीं।
राखि लियौ तुम हीं जग-जीवन, त्रासनि तैं सबहीं॥
कृपा-सिंधु की कथा एकरस, क्यौं करि जाति कहीं।
कीजे कहा सूर सुख-संपति, जहँ जदुनाथ नहीं?॥

जिन विपत्तियों में भगवान् का स्मरण किया जाता है, अब वे विपत्तियाँ भी नहीं रह गईं। जब-जब मैं मन से उनका स्मरण करता था, तब-तब प्रभु सहायता के लिए दौड़े आते थे। जिस प्रकार संकट आने पर पलकें नेत्रों की रक्षा करती हैं, उसी प्रकार विपत्ति के समय श्रीहरि रक्षा करते थे। हे जगत् के पालनहार! जहाँ-जहाँ भय ने मुझे आक्रांत किया, वहाँ-वहाँ आगे आकर तुमने मेरी रक्षा की। सूरदास कहते हैं कि ऐसी सुख-संपत्ति व्यर्थ है, जिसे पाकर भगवान् का स्मरण नहीं रहता।

होउ मन राम-नाम कौ गाहक।
चौरासी लख जीव-जोनि मैं भटकत फिरत अनाहक॥
भक्तनि-हाट बैठि अस्थिर है, हरि नग निर्मल लेहि।
काम-क्रोध-मद-लोभ-मोह तू, सकल दलाली देहि॥
करि हियाव यह सौंज लादि कै, हरि कैं पुर लै जाहि।
घाट-बाट कहुँ अटक होइ नहिं, सब कोउ देहि निबाहि॥
और बनिज मैं नाहीं लाहा, होति मूल मैं हानि।
सूर स्याम कौ सौदा साँचौ, कह्यौ हमारौ मानि॥

मन को संबोधित करते हुए सूरदास कहते हैं कि हे मन! तू राम-नाम का ग्राहक बन। अर्थात् निरंतर राम-नाम का जाप कर। चौरासी लाख योनियों में तू व्यर्थ ही भटकता रहा। अब स्थिर होकर सत्संग में बैठ और श्रीहरि के नाम रूपी निर्मल रत्न खरीद। काम, क्रोध, मद, मोह और लोभ आदि विकारों को त्याग दे। हरि-नाम का सुमिरन करके उनके परम धाम को प्राप्त कर ले। राम-नाम के प्रभाव से तुझे सभी लोक सहज ही प्राप्त हो जाएँगे। यदि ऐसा न करके तू विषय-भोगों में उलझा रहेगा तो तेरा अमूल्य मनुष्य-जन्म व्यर्थ हो

जाएगा। सूरदास कहते हैं कि हे मन! मेरा कहना मान, श्यामसुंदर की भक्ति ही मोक्ष का एकमात्र साधन है।

दिन दस लेहि गोबिंद गाइ।
छिन न चिंतत चरन-अंबुज, बादि जीवन जाइ॥
दूरि जब लौ जरा रोग रु चलति इंद्री भाइ।
आपुनौ कल्यान करि लै, मानुषी तन पाइ॥
रूप जोबन सकल मिथ्या, देखि जनि गरबाइ।
ऐसे हीं अभिमान-आलस, काल ग्रसिहै आइ॥
कूप खनि कत जाइ रे नर, जरत भवन बुझाइ।
सूर हरि कौ भजन करि लै, जनम-मरन नसाइ॥

अपने मन को समझाते हुए सूरदास कहते हैं कि हे मन! जीवन के दस दिन अर्थात् शेष समय में तो श्रीगोविंद का गान कर ले। तुम एक पल के लिए भी प्रभु के श्रीचरणों का चिंतन नहीं करते; यह जीवन व्यर्थ बीत रहा है। जब तक इंद्रियाँ काम करती हैं तथा रोग एवं बुढ़ापा दूर है, तब तक मनुष्य-शरीर द्वारा अपना कल्याण कर लो। रूप, यौवन, ऐश्वर्य—सब मिथ्या हैं; इन्हें देखकर या पाकर अहंकार मत करो। अन्यथा अहंकार और आलस्य से घिरी तुम्हारी देह को मृत्यु अपना ग्रास बना लेगी। हे मूर्ख! जब घर जल रहा हो, उस समय उसे बचाने के लिए कुआँ खोदना व्यर्थ है। अर्थात् मृत्यु के बाद भजन असंभव है। सूरदास कहते हैं कि हे मन! तू निरंतर भगवान् श्रीहरि का भजनकर। उनकी कृपा से जीवन-मृत्यु रूपी चक्र से मुक्ति संभव है।

बौरे मन, रहन अटल करि जान्यौ।
धन-दारा-सुत-बंधु-कुटुँब-कुल, निरखि-निरखि बौरान्यौ॥
जीवन जन्म अल्प सपनौ सौ, समुझि देखि मन माहीं।
बादर छाँह, धूप-धैराहर, जैसे थिर न रहाहीं॥
जब लगि डोलत, बोलत, चितवन, धन-दारा हैं तेरे।
निकसत हंस, प्रेत कहि तजिहैं, कोउ न आवैं नेरे॥
मूरख, मुग्ध, अजान, मूढ़मति, नाहीं कोऊ तेरौ।
जो कोऊ तेरौ हितकारी, सो कहै काढ़ि सबेरौ॥

घरि एक सजन-कुटुँब मिलि बैठैं, रुदन बिलाप कराहीं।
जैसें काग काग के मुऐं, काँ-काँ करि उड़ि जाहीं॥
कृमि-पावक तेरौ मन भखिहैं, समुझि देखि मन माहीं।
दीन-दयाल सूर हरि भजि लै, यह औसर फिरि नाहीं॥

हे पगले मन! तूने संसार में अपनी स्थिति अटल समझ ली है। जिस धन, संपत्ति, ऐश्वर्य, पत्नी, पुत्र, भाई एवं कुटुंबी जन को देखकर तू अहंकार से भर रहा है, यह सबकुछ कुछ क्षणों का है। जिस प्रकार बादल की छाया एवं धुएँ से बने महल स्थिर नहीं रहते, उसी प्रकार मनुष्य-जीवन भी स्थिर नहीं है। जब तक तू चल-फिर रहा है, कार्य कर रहा है, धनार्जन में डूबा हुआ है, केवल तभी तक सभी तुझसे स्नेह करेंगे। प्राण निकल जाने के बाद तेरे निकट कोई नहीं आएगा। अरे मूर्ख! संसार में कोई किसी का नहीं है। आज जो तुझे अपना प्रिय बताता है, तेरी मृत्यु उपरांत वही सबसे पहले तुझे घर से बाहर ले जाएगा। यदि गाड़ा गया तो कीड़े या जलाए जाने पर अग्नि तेरे शरीर को खा जाएगी। सूरदास कहते हैं कि मनुष्य-जन्म बार-बार नहीं मिलता। इसलिए केवल दीनों के नाथ भगवान् श्रीहरि का भजन कर।

भक्तिबिनु बैल बिराने ह्वैहौ।
पाउँ चारि सिर श्रृंग गुंग मुख, तब कैसैं गुन गैहौ॥
चारि पहर दिन चरत फिरत बन, तऊ न पेट अघैहौ।
टूटे कंधरु फूटी नाकनि, कौ लौं धौं भुस खैहौ॥
लादत जोतत लकुटि बाजिहै, तब कहँ मूँड़ दुरैहौ?
सीत, घाम, घन, बिपति बहुत बिधि, भार तरैं मरि जैहौ॥
हरि-संतनि कौ कह्यौ न मानत, कियौ आपुनौ पैहौ।
सूरदास भगवंत-भजन बिनु, मिथ्या जनम गवैहौ॥

हे जीव! भक्ति के बिना तुम्हारी स्थिति दूसरे के बैल के समान होगी। ऐसी स्थिति में मार अधिक पड़ेगी, काम भी अधिक करना पड़ेगा; लेकिन भोजन कम मिलेगा। चार पैर और सिर पर सींग होंगे, मुख से गूँगे होंगे, तब भगवान् का गुणगान कैसे करोगे? दिन के चारों प्रहर वन में चरते हुए घूमोगे, फिर भी पेट नहीं भरेगा। कंधे घायल रहेंगे तथा नाक फूटी होगी। हल अथवा

छकड़े में जोते जाने पर डंडों की मार पड़ेगी, तब कैसे स्वयं को बचाओगे? सर्दी, गरमी, वर्षा सहित अनेक विपत्तियाँ भोगनी पड़ेंगी। यदि इस समय तुम सत्पुरुषों एवं भगवान् का आदेश नहीं मानोगे तो अंत समय में अपने किए का फल अवश्य भोगना होगा। सूरदास कहते हैं कि भगवान् का भजन किए बिना तुम अपना जीवन व्यर्थ में ही खो दोगे।

तजौ मन, हरि-बिमुखनि कौं संग।
जिनकै संग कुमति उपजति है, परत भजन मैं भंग॥
कहा होत पय पान कराऐं, बिष नहिं तजत भुजंग।
कागहि कहा कपूर चुगाऐं, स्वान न्हवाऐं गंग॥
खर कौं कहा अरगजा लेपन, मरकट भूषन अंग।
गज कौं कहा सरित अन्हवाऐं, बहुरि धरै वह ढंग॥
पाहन पतित बान नहिं बेधत रीतो करत निषंग।
सूरदास कारी कामरि पै, चढ़त न दूजौ रंग॥

हे मन! जिनकी संगत से बुद्धि का नाश होता है, दुर्विचार उत्पन्न होते हैं तथा भगवद्-भजन में बाधा पड़ती है, ऐसे लोगों का साथ सदा के लिए त्याग दें। सर्प को दूध पिलाने का कोई लाभ नहीं है; वह विष का कभी त्याग नहीं करता। कौए को कपूर चुगाने से, कुत्ते को गंगाजी में नहलाने से, गधे को चंदन का लेप लगाने से तथा बंदर को आभूषण पहनाने से क्या लाभ? हाथी को नहलाने से स्वच्छता नहीं होगी, क्योंकि वह स्नान के बाद मिट्टी डाल लेता है। पत्थर पर बाण चलाने से पत्थर नहीं बिंधता, अपितु तरकस खाली हो जाता है। सूरदास कहते हैं कि हरि से विमुख लोगों को ज्ञान एवं उपदेश देने का कोई लाभ नहीं है। उनके कुटिल हृदय पर हरि का रंग कभी नहीं चढ़ सकता। अतः उनका परित्याग कर देना चाहिए। इसी में मनुष्य का कल्याण है।

रे मन मूरख, जनम गँवायौ।
करि अभिमान विषय-रस गीध्यौ, स्याम सरन नहिं आयौ॥
यह संसार सुवा-सेमर ज्यौं, सुंदर देखि लुभायौ।
चाखन लाग्यौ रुई गई उड़ि, हाथ कछू नहिं आयौ॥

कहा होत अब के पछिताऐं, पहिलैं पाप कमायौ।
कहत सूर भगवंत भजन बिनु, सिर धुनि-धुनि पछितायौ॥

हे मूर्ख! विषय-वासनाओं में उलझकर तूने जीवन खो दिया। बल एवं यौवन के अभिमान में भगवान् का आश्रय त्यागकर तू दिन-रात विषय-सुखों में डूबा रहा। तोते के समान संसार रूपी वृक्ष के भोग रूपी फल को देखकर मोहित हो गया। परंतु जब स्वाद लेने चला, तब भोगों का कुप्रभाव स्पष्ट हो गया और तेरे हाथ शांति, संतोष आदि कुछ नहीं लगा। हे मूर्ख! तूने जीवन भर पापों का ही संग्रह किया, इसलिए अब पश्चात्ताप करने से क्या होगा? सूरदास कहते हैं कि भगवान् का भजन न करने पर केवल मनुष्य के पास पश्चात्ताप ही शेष रह जाता है।

चकई री चलि चरन-सरोबर, जहाँ न प्रेम-बियोग।
जहँ भ्रम-निसा होति नहिं कबहूँ, सोइ सायर सुख जोग॥
जहाँ सनक-सिव हंस, मीन मुनि, नख रबि-प्रभा प्रकास।
प्रफुलित कमल, निमिष नहिं ससि-डर, गुंजत निगम सुबास॥
जिहिं सर सुभग मुक्ति मुक्ताफल, सुकृत-अमृत-रस पीजै।
सो सर छाँड़ि कुबुद्धि बिहंगम, इहाँ कहा रहि कीजै॥
लछमी-सहित होति नित क्रीड़ा, सोभित सूरजदास।
अब न सुहात विषय-रस-छीलर, वा समुद्र की आस॥

हे बुद्धि रूपी चक्रवाकी! तू हरि के चरण रूपी सरोवर में चल, जहाँ प्रेम में वियोग नहीं झेलना पड़ता, जहाँ कभी भ्रम रूपी रात्रि नहीं होती, जहाँ शिव एवं सनकादि जैसे राजहंस तथा मुनिगण रूपी मछलियाँ हैं, नखज्योति रूपी सूर्य का प्रकाश विद्यमान है, जहाँ चंद्रमा का भय नहीं है, जिसमें मुक्ति रूपी सुंदर मोती है, वही सरोवर तुम्हारे लिए श्रेष्ठ है। वह चलकर तुम पुण्य रूपी अमृत का पान करो। हे कुबुद्धिनी पक्षिणी! उस सरोवर के अतिरिक्त कहीं भी सुख नहीं है। सूरदास कहते हैं कि जहाँ लक्ष्मी के साथ सुशोभित होकर श्रीहरि नित्य क्रीड़ा करते हैं, उस समुद्र को पाने की आशा में विषय-भोगों का समूह भी अच्छा नहीं लगता।

बड़ी है राम नाम की ओट।
सरन गएँ प्रभु काढ़ि देत नहिं, करत कृपा कौ कोट॥
बैठत सबै सभा हरि जू की, कौन बड़ौ को छोट?
सूरदास पारस के परसैं मिटति लोह की खोट॥

संसार में श्रीराम के नाम का आश्रय सबसे बड़ा है। वे कभी भी शरण में आए हुए प्राणी को त्यागते नहीं हैं; अपितु उसे अपने कृपा रूपी दुर्ग में रख लेते हैं। श्रीहरि की सभा अर्थात् शरण में कोई भी आ सकता है। उनके लिए न तो कोई बड़ा है और न ही कोई छोटा है। वे सभी को समभाव से स्वीकार करते हैं। सूरदास कहते हैं कि जिस प्रकार पारस का स्पर्श होते ही लोहे का दोष मिट जाता है, उसी प्रकार भगवान् श्रीहरि की शरण में जाने से जीव के समस्त पाप एवं दोष नष्ट हो जाते हैं।

जौ तू राम-नाम-धन धरतौ।
अब कौ जन्म आगिलौ तेरौ, दोऊ जन्म सुधरतौ॥
जम कौ त्रास सबै मिटि जातौ, भक्त नाम तेरौ परतौ।
तंदुल-घिरत समर्पि स्याम कौं, संत-परोसौ करतौ॥
होतौ नफा साधु की संगति, मूल गाँठ नहिं टरतौ।
सूरदास बैकुंठ-पैंठ मैं, कोउ न फैंट पकरतौ॥

हे प्राणी! यदि तुम भगवान् के राम-नाम का सुमिरन करता है तो तेरे इस जन्म के साथ-साथ अगला जन्म भी सुधर जाएगा। यम का भय मिट जाता और तू भक्त के नाम से पहचाना जाता। यदि श्यामसुंदर को चावल और घी का भोग लगाकर संतों को भोजन करवाता तो उनके सत्संग के प्रभाव से तेरा राम-नाम रूपी अमूल्य धन गिरता नहीं। सूरदास कहते हैं कि फिर बैकुंठ रूपी बाजार में कोई तेरा मार्ग नहीं रोकता।

हरि-हरि-हरि सुमिरौ सब कोइ।
हरि-हरि सुमिरत सब सुख होइ॥
हरि समान द्वितिया नहिं कोइ।
स्रुती-सुम्रिति देख्यौ सब जोइ॥

हरि-हरि सुमिरत होइ सु होइ।
हरि चरननि चित राखी गोइ॥
बिनु हरि सुमिरन मुक्ति न होइ।
कोटि उपाइ करौ जौ कोइ॥
सत्रु-मित्र हरि गनत न दोइ।
जो सुमिरै ताकी गति होइ॥
हरि-हरि-हरि सुमिरौ सब कोइ।
हरि के गुन गावत सब लोइ॥
राव-रंक हरि गनत न दोइ।
जो गावहि ताकी गति होइ॥
हरि-हरि-हरि सुमिर्‍यौ जो जहाँ।
हरि तिहि दरसन दीन्ह्यौ तहाँ॥
हरि बिनु सुख नहिं इहाँ न उहाँ।
हरि-हरि-हरि सुमिरौ जह तहाँ॥
सौ बातनि की एकै बात।
सूर सुमिरि हरि-हरि दिन-रात॥

सुमिरन का महत्त्व बताते हुए सूरदास कहते हैं कि श्रीहरि का सुमिरन करने से समस्त सुख प्राप्त होते हैं। इसलिए सभी मनुष्यों को निरंतर श्रीहरि का सुमिरन करना चाहिए। संसार में उनके समान दूसरा कोई नहीं है। जीवन में जो कुछ पुण्यमय लाभ प्राप्त होगा, वह श्रीहरि द्वारा ही संभव है। अनेक उपाय करने के बाद भी श्रीहरि का सुमिरन किए बिना मुक्ति संभव नहीं है। अतः अपने चित्त को एकाग्र कर उनके चरण-कमलों में लीन कर लो। देव, ऋषि, मुनि आदि भी उनका गुणगान करते हैं। उनके लिए अमीर और गरीब एक समान हैं, अतः मुक्ति उसे ही प्राप्त होती है, जो हृदय से उनका भजन करता है। जिसने 'हरि-हरि' का जाप कर लिया, वह भवसागर से पार होकर श्रीहरि के चरणों में स्थान प्राप्त करता है। सूरदास कहते हैं कि निरंतर श्रीहरि का सुमिरन करो। इसी में मनुष्य का परम कल्याण निहित है।

सोइ रसना जो हरि-गुन गावै।
नैननि की छबि यहै चतुरता, जो मुकुंद-मकरंदहि ध्यावै॥

निर्मल चित तौ सोई साँची, कृष्न बिना जिहि और न भावै।
स्त्रवननि की जु यहै अधिकाई, सुनि हरि-कथा सुधा-रस पावै॥
कर तेई जे स्यामहि सेवैं, चरननि चलि बृंदाबन जावै।
सूरदास जैयै बलि वाकी, जो हरि जू सौं प्रीति बढ़ावै॥

केवल उसी जिह्वा की सार्थकता है, जो श्रीहरि का गुणगान करे। नेत्र की यही शोभा है कि वह श्रीमुकुंद के चरण-कमलों का ध्यान करे। केवल वही चित्त निर्मल और पवित्र है, जो श्रीकृष्ण का चिंतन करता है। श्रीहरि की कथा और लीलाओं को सुनकर उसमें अमृत-रस के समान माधुर्य का अनुभव करते हैं, वही कान सार्थक हैं। हाथ वही श्रेष्ठ हैं, जो श्रीहरि की सेवा करें तथा पैर उसी के सार्थक हैं जो चलकर वृंदावन जाएँ। सूरदास कहते हैं कि जो श्रीहरि के साथ प्रीति बढ़ाते हैं, मैं उन पर बार-बार बलिहारी हूँ।

अदभुत राम नाम के अंक।
धर्म-अँकुर के पावन द्वै दल, मुक्ति-बधू-ताटंक॥
मुनि-मन-हंस-पच्छ-जुग जाकैं, बल उड़ि ऊरध जात।
जनम-मरन-काटन कौं कर्तरि, तीछन बहु बिख्यात॥
अंधकार अज्ञान हरन कौं रबि-ससि जुगल-प्रकास।
वासर-निसि दोउ करैं प्रकासित महा कुमग अनयास॥
दुहूँ लोक सुखकरन हरन दुख, बेद-पुराननि साखि।
भक्ति ज्ञान के पंथ सूर ये, प्रेम निरंतर भाखि॥

राम-नाम के अक्षर बड़े अद्‌भुत और परम शक्तिदायक हैं। ये दोनों अक्षर धर्म रूपी पावन अंकुर के पावन दल हैं, अर्थात् इसी से धर्मवृक्ष उगता है। मुक्ति रूपी वधू के कुंडल हैं—अर्थात् इन्हीं के माध्यम से मुक्ति संभव है। मुनि रूपी हंस के ये सुंदर पंख हैं, जिनके द्वारा वे परमधाम में जाते हैं। ये दोनों अक्षर ही जन्म-मरण के चक्र को भेदते हैं। ये ही सूर्य और चंद्र बनकर जीव के अंतर्मन में स्थित अज्ञान रूपी अंधकार का हरण करते हैं। वेद और पुराणों में भी वर्णित है कि ये दोनों अक्षर लोक और परलोक के समस्त सुख प्रदान करने वाले हैं। सूरदास कहते हैं कि ये अक्षर ज्ञान और भक्ति के मार्ग हैं, जिनके निरंतर जाप से मनुष्य मोक्ष प्राप्त करता है।

हमारे निर्धन के धन राम।
चोर न लेत घटत नहिं कबहूँ, आबत गाढ़ैं काम॥
जल नहिं बूड़त अगिनि न दाहत, है ऐसो हरि-नाम।
बैकुँठनाथ सकल सुखदाता, सूरदास सुख-धाम॥

राम-नाम ही निर्धनों का धन है। न तो इसे चोर चुरा सकता है और न ही कभी इसमें कमी होती है। विपत्ति के समय केवल यही काम आता है। श्रीहरि का नाम न तो जल में डूबता है और न ही अग्नि इसे जला सकती है। सूरदास कहते हैं कि सुख-धाम बैकुंठनाथ मनुष्य को समस्त सुख प्रदान करने वाले हैं।

हरि जू, तुम तैं कहा न होइ?
बोलै गुंग पंगु गिरि लंघै, अरु आवै अंधौ जग जोइ॥
पतित अजामिल, दासी कुबिजा, तिन के कलिमल डारे धोइ।
रंक सुदामा कियौ इंद्र-सम, पांडव-हित कौरव-दल खोइ॥
बालक मृतक जिवाइ दए प्रभु, तब गुरु-द्वारैं आनँद होइ।
सूरदास-प्रभु इच्छापूरन, श्रीगुपाल सुमिरौ सब कोइ॥

हे श्रीहरि! आपसे क्या नहीं हो सकता? आपकी कृपा होते ही गूँगा भी बोलने लगता है; पंगु पर्वत लाँघ जाए, नेत्रहीन समस्त संसार को देखने लगे। अजामिल पतित था, कुब्जा दासी थी; लेकिन आपने उनके पापों को धोकर उन्हें पवित्र कर दिया। निर्धन सुदामा को इंद्र के समान ऐश्वर्ययुक्त कर दिया, पांडवों की सहायता कर उनके शत्रुओं का नाश किया; आपने अपने गुरु के मृत पुत्र को जीवित कर दिया। सूरदास कहते हैं कि मेरे स्वामी श्रीहरि भक्तों की इच्छा पूर्ण करनेवाले हैं। अतः सदा उनका सुमिरन करो।

हृदय की कबहुँ न जरनि घटी।
बिनु गोपाल बिथा या तन की, कस जाति कटी॥
अपनी रुचि जितहीं-जित ऐंचति, इंद्रिय कर्म-गटी।
हौं तितहीं उठि चलत कपट लगि, बाँथें नैंन-पटी॥
झूठौ मन झूठी सब काया, झूठी आरभटी।
अरु झूठनि के बदन निहारत, मारत फिरत लटी॥

दिन-दिन हीन छीन भइ काया, दुख-जंजाल-जटी।
चिंता कीन्हैं भूख भुलानी, नींद फिरति उचटी॥
मगन भयौ माया-रस लंपट, समुझत नाहिं हटी।
ताकै मूँड़ चढ़ी नाचति है, मीचऽति नीच नटी॥
किंचित स्वाद स्वान-बानर ज्यौं, घातक रीति ठटी।
सूर सुजल सींचियै कृपानिधि, निज जन चरन तटी॥

जीवन भर श्रीहरि से विमुख रहा, इसलिए हृदय की जलन कभी कम नहीं हुई। श्रीहरि के बिना इस देह का दुःख दूर नहीं किया जा सकता। अपनी रुचि के अनुसार इंद्रियाँ मनुष्य को कर्म करने के लिए जहाँ-जहाँ विवश करती हैं, विचारहीन होकर मैं उस ओर चल देता हूँ। दुःखों और भोगों में जकड़ा हुआ मेरा शरीर दिन-प्रतिदिन जर्जर हो रहा है। माया के रस को पीकर मैं निरंतर अवनति की ओर अग्रसर हो रहा हूँ। बार-बार समझाने पर भी हठी मन नहीं समझता कि माया के सिर पर मृत्यु रूपी नर्तकी नाच रही है। सूरदास कहते हैं कि हे कृपानिधान! भक्तों को अपने चरण रूपी पावन जल से सींचें अर्थात् अपने चरणों की भक्ति देकर उन्हें पवित्र करें।

महाप्रभु, तुम्हैं बिरद की लाज।
कृपा-निधान, दानि, दामोदर, सदा सँवारन काज॥
जब गज चरन ग्राह गहि राख्यौ, तबहीं नाथ पुकार्‌यौ।
तजि कै गुरुड़ चले अति आतुर, नक्र चक्र करि मार्‌यौ॥
निसि-निसि ही रिषि लिये सहस-दस दुरबासा पग धार्‌यौ।
ततकालहिं तब प्रगट भए हरि, राजा-जीव उबार्‌यौ।
हिरनाकुस प्रहलाद भक्त कौं, बहुत सासना जार्‌यौ।
रहि न सके नरसिंह रूप धरि, गहि कर असुर पछार्‌यौ॥
दुस्सासन गहि केस द्रौपदी, नगन करन कौं ल्यायौ।
सुमिरतहीं ततकाल कृपानिधि, बसन-प्रवाह बढ़ायौ॥
मागधपति बहु जीति महीपति, कछु जिय मैं गरबाए।
जीत्यौ जरासंध, रिपु मार्‌यौ, बल करि भूप छुड़ाए॥
महिमा अति अगाध, करुनामय भक्त हेत हितकारी।
सूरदास पर कृपा करौ अब, दरसन देहु मुरारी॥

हे स्वामी! हे प्रभु! आपको अपने सुयश की लज्जा है। हे कृपानिधान! हे दामोदर! आप भक्तों के समस्त कार्य पूर्ण करनेवाले हैं। जब गजराज को ग्राह ने पकड़ लिया था, तब उसके पुकारते ही आप सहायता के लिए दौड़े आए थे और चक्र द्वारा ग्राह को मारकर गज का उद्धार किया था। जब महर्षि दुर्वासा दस हजार शिष्यों के साथ वन में पांडवों के घर पधारे थे, तब आपने ही शाक का पत्ता खाकर उन्हें तृप्त कर दिया था और इस प्रकार पांडवों को महर्षि के शाप से बचाया था। भक्त प्रह्लाद की रक्षा के लिए आपने नृसिंह रूप धारण किया और हिरण्यकशिपु का संहार कर डाला। भरी सभा में द्रौपदी की लाज बचाई। मगध-नरेश जरासंध को भीम के हाथों मरवाकर सहस्रों राजाओं का कल्याण किया। सूरदास कहते हैं कि हे करुणामय! आप भक्तों के लिए परम हितकारी हैं। हे मुरारि! दर्शन देकर मुझ पर भी कृपा करो।

प्रभु, मेरे गुन-अवगुन न बिचारौ।
कीजै लाज सरन आए की, रबि-सुत-त्रास निवारौ।
जोग-जज्ञ-जप-तप नहिं कीन्हौ, बेद बिमल नहिं भाख्यौ।
अति रस-लुब्ध स्वान जूठनि ज्यौं, अनत नहीं चित राख्यौ॥
जिहिं-जिहिं जोनि फिर्‌यौ संकट बस तिहिं-तिहिं यहै कमायौ।
काम-क्रोध-मद-लोभ-ग्रसित है, बिषय परम बिष खायौ॥
जौ गिरिपति मसि घोरि उदधि मैं, लै सुरतरु बिधि हाथ।
मम कृत दोष लिखै बसुधा भरि, तऊ नहीं मिति नाथ॥
तुमहिं समान और नहिं दूजौ, काहि भजौं हौं दीन।
कामी, कुटिल, कुचील, कुदरसन, अपराधी, मति-हीन॥
तुम तौ अखिल, अनंत, दयानिधि, अबिनासी, सुख-रासि।
भजन-प्रताप नाहिं मैं जान्यौ, पर्‌यौ मोह की फाँसि॥
तुम सरबज्ञ सबै बिधि समरथ, असरन-सरन मुरारि।
मोह-समुद्र सूर बूड़त है, लीजै भुजा पसारि॥

हे प्रभु! मैं अवगुणों का भंडार हूँ। अतः मेरे गुण-अवगुण का विचार मत करो। मैं आपकी शरण में हूँ; मुझ शरणागत की लाज रखो तथा यम के भय

को दूर करो। मैंने कभी भी यज्ञ, तप, जप, योग आदि नहीं किया; कभी वेद-पुराणों का पठन-पाठन नहीं किया; विषय-भोगों में डूबा रहा तथा काम, क्रोध, मद, लोभ, मोह आदि विकारों से त्रस्त होकर पापयुक्त कर्म करता रहा। यदि ब्रह्माजी हिमालय को स्याही बनाकर, समुद्र में घोलकर कल्पवृक्ष की कलम से मेरे अवगुण संपूर्ण पृथ्वी पर लिख डाले तो भी उनका अंत नहीं होगा। हे स्वामी! हे नाथ! आपके समान परम दयालु कोई नहीं है। इसलिए मुझ जैसा दीन, कामी, क्रोधी, कुटिल, बुद्धिहीन आपके अतिरिक्त किसका भजन कर सकता है? अतः हे स्वामी! मुझे अपनी शरण में लेकर मेरा उद्धार करें। सूरदास कहते हैं कि हे प्रभु! आप सर्वज्ञ, अविनाशी, भक्त-वत्सल, दयालु और दुःखों का हरण करने वाले हैं। अतः हे मुरारि! माया रूपी समुद्र में डूबते सूरदास को हाथ बढ़ाकर उबार लें।

दीन-नाथ! अब बारि तुम्हारी।
पतित-उधारन बिरद जान कै, बिगरी लेहु सँवारी॥
बालापन खेलत ही खोयौ, जुबा बिषय रस मातैं।
बृद्ध भएँ सुधि प्रगटी मोकौं, दुखित पुकारत तातैं॥
सुतनि तज्यौ, तिय तज्यौ, भ्रात तज्यौ, तन तैं त्वच भइ न्यारी।
स्रवन न तुनत, चरन-गति थाकी, नैन भए जलधारी॥
पलित केस, कफ कंठ बिरुंध्यौ, कल न परति दिन-राती।
माया-मोह न छाँड़ैं तृष्ना, ये दोऊ दुख-थाती॥
अब यह बिथा दूरि करिबे कौं और न समरथ कोई।
सूरदास-प्रभु करुना-सागर, तुम तैं होइ सौ होई॥

हे दीनानाथ! हे भक्त-वत्सल! आप पापियों और अधर्मियों को उबारने वाले हैं। मैं आपकी शरण में हूँ, अतः आप मेरी बिगड़ी सुधार दें। मैंने अपना बचपन खेल में बिता दिया, जबकि यौवनावस्था विषय-वासनाओं में डूबकर नष्ट कर दी। अब वृद्ध होने पर मुझे ज्ञान हुआ है और मैं दुःखी हृदय से आपको पुकार रहा हूँ। पत्नी, पुत्र, भाई, बंधु-बांधवों ने एक-एक कर मुझे त्याग दिया। मेरी देह भी शिथिल होकर नष्ट हो रही है। फिर भी तृष्णा और मोह मेरा साथ

नहीं छोड़ते। सूरदास कहते हैं कि हे प्रभु! मेरे दुःखों को नष्ट करने में आपके अतिरिक्त दूसरा कोई समर्थ नहीं है। हे करुणामय! जो कुछ होगा, केवल आपके द्वारा ही होगा।

कौन गति करिहौ मेरी नाथ!
हौं तौ कुटिल, कुचील, कुदरसन, रहत विषय के साथ॥
दिन बीतत माया कैं लालच, कुल-कुटुंब कैं हेत।
सिगरी रैनि नींद भरि सोवत, जैसैं पसू अचेत॥
कागद धरनि, करै द्रुम लेखनि, जल सायर मसि घोरै।
लिखै गनेस जनम भरि मम कृत, तऊ दोष नहिं ओरै॥
गज, गनिका अरु बिप्र अजामिल, अगनित अधम उधारे।
यहै जानि अपराध करे मैं, तिनहू सौं अति भारे॥
लिखि लिखि मम अपराध जनम के चित्रगुप्त अकुलाए।
भृगु रिषि आदि सुनत चक्रित भए, जम सुनि सीस डुलाए॥
परम पुनीत पवित्र कृपानिधि, पावन नाम कहायौ।
सूर पतित जब सुन्यौ बिरद यह, अब धीरज मन आयौ॥

हे स्वामी! आप मेरी कौन सी गति करेंगे? मैं कुटिल, पापी, अधर्मी तथा नित्य विषयों में डूबा रहनेवाला हूँ। धन, ऐश्वर्य और वैभवता का लोभ मुझे दिन-प्रतिदिन घेरे रहता है। अज्ञान रूपी रात में पशु के समान निद्रामग्न हूँ। मेरे दोषों एवं पापों का कहीं भी अंत नहीं है। हे प्रभु! आपने गजराज, अजामिल, गणिका आदि अनेक पापियों का उद्धार किया है। यही सोचकर मैंने उनसे भी बुरे कर्म किए। मेरे अपराधों का विवरण सुनकर चित्रगुप्त भी भयभीत हो गए; भृगु आदि ऋषिगण भी विस्मय करने लगे। यम ने भी मुझे नरक में स्थान देने से मना कर दिया। हे स्वामी! आप पतितों का उद्धार करनेवाले हैं। यही सोचकर मैं आपकी शरण में हूँ। हे परम दयालु स्वामी! मुझ शरणागत की रक्षा करें।

सोइ कछु कीजै दीन-दयाल!
जातैं जन छन चरन न छाँड़ै, करुना-सागर भक्त-रसाल॥
इंद्री अजित बुद्धि बिषयारत, मन की दिन-दिन उलटी चाल।
काम क्रोध-मद-लोभ-महाभय, अह-निसि नाथ रहत बेहाल॥

जाग-जुगति, जप-तप, तीरथ-ब्रत, इन मैं एकौ अंक न भाल।
कहा करौं, किहिं भाँति रिझावौं, हौं तुम को सुंदर नँदलाल॥
सुनि समरथ, सरबज्ञ, कृपानिधि, असरन-सरन, हरन, जग-जाल।
कृपानिधान, सूर की यह गति, कासौं कहै कृपन इहिं काल॥

हे दीनानाथ! हे दयालु! मुझ पर ऐसी कृपा करें कि मैं एक पल के लिए भी आपके चरण-कमलों से दूर न रहूँ। मेरी इंद्रियाँ अजेय हैं, बुद्धि विषयों में लिप्त है, मन सदैव आपके विमुख रहता है; काम, क्रोध, मद, मोह और लोभ आदि विकारों ने मुझे घेरा हुआ है। हे नाथ! दिन-रात मैं व्याकुल रहता हूँ। जप, तप, व्रत, योग, तीर्थ-यात्रा—इनमें से कुछ भी मेरे लिए संभव नहीं है। हे श्यामसुंदर! ऐसी दशा में मैं क्या करूँ, कहाँ जाऊँ? आपको किस प्रकार प्रसन्न करूँ? हे दयानिधान! हे कृपालु! हे सर्वज्ञ! आप ही सूरदास की गति सुनें। आपके अतिरिक्त उसका और कौन है?

मोहि प्रभु तुम सौं होड़ परी।
ना जानौं करिहौऽब कहा तुम, नागर नवल हरी॥
हुतीं जिती जग में अधमाई, सो मैं सबै करी।
अधम-समूह उधारन कारन तुम जिय जक पकरी॥
मैं जु रह्यौं राजीव-नैन दुरि, पाप-पहार दरी।
पावहु मोहि कहाँ तारन कौं, गूढ़-गँभीर खरी॥
एक अधार साधु-संगति कौं, रचि-पचि-मति सँचरी।
याहू सौंज संचि नहिं राखी, अपनी धरनि धरी॥
मोकौं मुक्ति बिचारत हौ प्रभु, पचिहौ, पहर-घरी।
श्रम तैं तुम्है पसीना ऐहै, कत यह टेक करी॥
सूरदास बिनती कह बिनवै, दोषनि देह भरी।
अपनी बिरद सम्हारहुगे तौ, यामैं सब निबरी॥

हे प्रभु! मेरी आपसे होड़ लग गई है। हे श्रीहरि! मैं नहीं जानता कि आप क्या करें? जीवन भर मैं संसार की समस्त अधमता करता रहा, जबकि आपने पापियों के समूह का उद्धार करने की हठ पकड़ ली। हे कमललोचन! मैं पाप रूपी गुफा में छिपा बैठा हूँ। फिर आप मेरा उद्धार कैसे कर पाएँगे? हे स्वामी!

आपने मनुष्यों के कल्याण के लिए सत्पुरुषों की संगति बनाई, बुद्धि में उसका संचार किया; लेकिन मैं मूर्ख सबकुछ भूलकर हठ पर अड़ा रहा—अर्थात् कुसंगति में रहा। हे प्रभु! आप मेरा उद्धार करने का विचार करते हैं, लेकिन इसमें अथक परिश्रम करना पड़ेगा। सूरदास यही विनती करते हैं कि मेरा शरीर दोषों से भरा हुआ है। लेकिन यदि आप अपने सुयश को सँभाल लेंगे तो मेरे समस्त दोष निवृत्त हो जाएँगे।

कहावत ऐसे त्यागी दानि।
चारि पदारथ दिए सुदामहि, अरु गुरु के सुत आनि॥
रावन के दस मस्तक छेदे, सर गहि सारँग-पानि।
लंका दई बिभीषन जन कौं, पूरबली पहिचानि॥
बिप्र सुदामा कियौ अजाची, प्रीति पुरातन जानि।
सूरदास सौं कहा निहोरौ, नैननि हू की हानि॥

हे प्रभु! आप इतने बड़े त्यागी और दानी हैं कि निर्धन सुदामा को चारों पदार्थ अर्थात् अर्थ, काम, धर्म और मोक्ष प्रदान कर दिए। इतना ही नहीं, गुरु संदीपनि को गुरुदक्षिणा में उनका मृत पुत्र जीवित करके सौंप दिया। रावण के मस्तक काटकर आपने विभीषण को लंकापति बना दिया। आपने अपने सभी परिचितों की भलाई की। किंतु मेरे द्वारा आपकी क्या भलाई हुई है, जो आप मेरा भला करेंगे? आपके पथ में लगकर मेरे नेत्रों की हानि ही हुई है।

प्रभु हौं सब पतितनि की टीकौ।
और पतित सब दिवस चारि के, हौं तौं जनमत ही कौ॥
बधिक, अजामिल, गनिका तारी, और पूतना ही कौ।
मोहि छाँड़ि तुम और उधारे, मिटै सूल क्यौं जी कौ॥
कोउ न समरथ अघ करिबे कों, खैंचि कहत हौं लीकौ।
मरियत लाज सूर पतितनि मैं, मोहू तैं को नीकौ॥

हे प्रभु! संसार में मैं सबसे बड़ा पतित हूँ। दूसरे पतित तो केवल कुछ समय के लिए ही पतित होते हैं। परंतु मैं तो जन्म से ही पतित हूँ। व्याध,

अजामिल, गणिका और पूतना का आपने ही उद्धार किया; लेकिन मेरा उद्धार नहीं किया। यह हृदय का शूल कैसे समाप्त हो? मैं दृढ़तापूर्वक कहता हूँ कि मेरे समान पापी और अधर्मी संसार में दूसरा कोई नहीं है। सूरदास इसी बात से लज्जित हो रहा है कि उससे बड़ा पतित कौन है, जिसका उद्धार करके आप पतित-पावन कहलाते हैं?

माधौ जू, मोतैं और न पापी।
घातक, कुटिल, चबाई, कपटी, महाक्रूर, संतापी॥
लंपट, धूत, पूत दमरी कौ, बिषय-जाप कौ जापी।
भच्छि-अभच्छ अपान पान करि, कबहुँ न मनसा धापी॥
कामी, बिबस कामिनी कें रस, लोभ-लालसा थापी।
मन-क्रम-बचन-दुसह सबहिनि सौं, कटुक बचन आलापी॥
जेतिक अधम उधारे प्रभु तुम, तिन की गति में नापी।
सागर-सूर बिकार भर्‌यौ जल, बधिक-अजामिल बापी॥

हे माधव! हे कन्हैया! मुझसे बड़ा पापी कोई नहीं है। मैं कुटिल, धूर्त, चुगलखोर, कपटी, अत्यंत क्रूर, सभी को कष्ट देनेवाला तथा विषयों में रमण करने वाला हूँ। भोग-विलास में डूबने के बाद भी मेरा मन संतुष्ट नहीं हुआ। काम, मोह, लोभ और तृष्णा का पोषण करता रहा। मन, वाणी और कर्म से मैं दूसरों को अनेक कष्ट देता रहा। हे नाथ! आपने अब तक जितने पापियों का उद्धार किया है, उनकी सीमाएँ मैं कब का लाँघ चुका हूँ। व्याध और अजामिल छोटे पापी थे, जबकि सूरदास विकारों से जला जा रहा है।

मोसौं पतित न और गुसाईं।
अवगुन मौपैं अजहुँ न छूटत, बहुत पच्यौ अब ताईं॥
जनम-जनम तैं हौं भ्रमि आयौ, कपि गुंजा की नाईं।
परसत सीत जात नहिं क्यौंहू, लै-लै निकट बनाईं॥
मोह्यौ जाइ कनक-कामिनि-रस, ममता मोह बढ़ाई।
जिह्वा-स्वाद मीन ज्यौं उरइयौ, सूझी नहीं फँदाई॥

सोवत मुदित भयौ सपने मैं पाई निधि जो पराई।
जागि परैं कछु हाथ न आयौ, यौं जग की प्रभुताई॥
सेए नाहिं चरन गिरिधर के, बहुत करी अन्याई।
सूर पतित कौं ठौर कहूँ नहिं, राखि लेहु सरनाई॥

हे स्वामी! हे नाथ! मेरे समान पतित दूसरा कोई नहीं है। मैंने अवगुणों को त्यागने के लिए बहुत प्रयत्न किए, परंतु असफल रहा। दुःख-निवारण के लिए जीवन भर भोगों को एकत्रित करता रहा, जिसके कारण मैं अनेक योनियों में भटक रहा हूँ। स्त्री-पुत्र से मोह-ममता बढ़ाए रहा। जिस प्रकार मछली चारे के लोभ में फँस जाती है। उसी प्रकार जीभ के स्वाद में उलझा रहा। सूरदास कहते हैं कि मैंने श्रीगिरिधरलाल के चरणों की कभी सेवा नहीं की। हे प्रभु! इस सूरदास के लिए कहीं स्थान नहीं है। इसलिए इसे आप अपनी शरण में ले लें।

माधो जू, मोहि काहे की लाज।
जनम-जनम यौं हीं भरमायौ, अभिमानी, बेकाज॥
जल-थल जीव जिते जग, जीवन निरखि दुखित भए देव।
गुन-अवगुन की समुझ न संका, परि आई यह देव॥
अब अनखाइ कहौं घर अपनैं, राखौं बाँधि बिचारि।
सूर स्वान के लावनहारै आवति हैं नित गारि॥

हे माधव! मैं अभिमानी हूँ, अनेक जन्मों से विभिन्न योनियों में भटक रहा हूँ। फिर मुझे किसी बात की लज्जा? हे स्वामी! संसार में जल और थल के जितने भी जीव हैं, वे मेरी दशा देखकर दयावश दुःखी हुए। लेकिन मुझे गुण-अवगुण की कोई समझ नहीं और न ही किसी प्रकार का भय रहा। मुझे इसकी आदत पड़ गई है। परंतु अब विचलित होकर कहता हूँ कि हे प्रभु! मुझे अपने घर में बाँधकर रखो, अन्यथा मुझे अनेक दुर्वचन सुनने पड़ेंगे।

अब मैं नाच्यौ बहुत गुपाल!
काम-क्रोध कौ पहिरि चोलना, कंठ विषय की माल॥
महामोह के नूपुर बाजत, निंदा सब्द रसाल।

भ्रम-भोयौ मन भयौ पखावज, चलत असंगत चाल॥
तृष्ना नाद करित घट भीतर, नाना बिधि दै ताल।
माया कौ कटि फेंटा बाँध्यौ, लोभ-तिलक दियौ भाल॥
कोटिक कला काछि दिखराई, जल-थल सुधि नहिं काल।
सूरदास की सबै अबिद्या दूरि करौ नँदलाल॥

सूरदास विनती करते हुए कहते हैं कि हे गोपाल! जीवन में मैंने अनेक नाच नाचे हैं। काम-क्रोध के वस्त्र पहनकर, विषय की माला गले में डालकर, मोहरूपी नूपुर बजाता हुआ नाचता रहा। अर्थात् मैंने अपनी संपूर्ण आयु निंदा करने तथा विषय-भोगों में डूबे हुए ही व्यतीत कर दी। अज्ञान से भ्रमित होकर मेरा मन मृदंग बना रहा। तृष्णा अनेक प्रकार के ताल देते हुए मेरे हृदय में नाद कर रही है। कमर में माया का कपड़ा बँधा हुआ है, जबकि ललाट पर लोभ का तिलक लगा हुआ है। विभिन्न योनियों में जन्म लेकर अनेक कर्म करता रहा। लेकिन हे नंदलाल! अब मैं आपकी शरण में हूँ। आप सूरदास पर कृपा करो और उसका सारा अज्ञान दूर कर दो। मुझे केवल एकमात्र आपका ही सहारा है।

माधौ जू, तुम कत जिय बिसर्‌यौ?
जानत सब अंतर की करनी, जो मैं करम कर्‌यौ॥
पतित-समूह सबै तुम तारे, हुतौ जु लोक भर्‌यौ।
हौं उन तैं न्यारौ करि डार्‌यौ, इहिं दुख जात मर्‌यौ॥
फिरि-फिरि जोनि अनंतनि भरम्यौ, अब सुख-सरन पर्‌यौ॥
इहिं अवसर कत बाँह छुड़ावत, इहि डर अधिक डर्‌यौ॥
हौं पापी, तुम पतित-उधारन, डारे हौं कत देत।
जौ जानौ यह सूर पतित नहिं, तौ तारौ निज हेत॥

हे माधव! आपने मुझे अपने हृदय से क्यों विस्मृत कर दिया? आप सभी के हृदय की बात जानते हैं। अत: मेरे द्वारा किए गए सभी कर्मों का भी आपको भली-भाँति ज्ञान है। संसार के सभी पतितों का तो आपने उद्धार किया है, किंतु मुझे उन सबसे अलग करके छोड़ दिया। यही बात दिन-रात मुझे बेध रही है। हे प्रभु! अनेक योनियों में भटकने के बाद मैं आपकी शरण में आया हूँ। परंतु

अब आप अपना हाथ क्यों छुड़वा रहे हैं? आप पतितों का उद्धार करनेवाले हैं और मैं पापी हूँ। फिर इस प्रकार क्यों मेरा त्याग कर रहे हैं? हे स्वामी! यदि आप मुझे पापी नहीं समझते तो अपना प्रेम समझकर मेरा उद्धार करें।

जौ पै तुमही बिरद बिसारौ।
तौ कहौ कहाँ जाइ करुनामय, कृपिन करम कौ मारौ॥
दीन-दयाल पतित-पावन, जस बेद बखानत चारौ।
सुनियत कथा पुराननि, गनिका, ब्याध, अजामिल तारौ॥
राग-द्वेष, बिधि-अबिधि, असुचि-सुचि, जिहिं प्रभु जहाँ सँभारौ।
कियौ न कबहुँ बिलंब कृपानिधि, सादर सोच निवारौ॥
अगनित गुण हरि नाम तिहारै, अजौं अपुनपौ धारौ।
सूरदास-स्वामी, यह जन अब करत-करत स्रम हारौ॥

हे करुणानिधान! हे कृपालु! यदि आपने अपने सुयश को विस्मृत कर दिया तो यह भाग्यहीन कृपण किसकी शरण में जाएगा? चारों वेद आपके सुयश का ही वर्णन करते हैं। पुराणों में भी आपका यश वर्णित है कि किस प्रकार आपने व्याध, गणिका, अजामिल आदि पापियों का उद्धार किया। जिसने जिस भाव से आपका स्मरण किया, आपने उसी क्षण उसके संकट को हर लिया। हे कृपानिधान! आपके अनगिनत गुण और अनगिनत नाम हैं। अब आप भी अपने पतित-पावन स्वरूप को धारण कर मेरा उद्धार करें। सूरदास कहते हैं कि हे स्वामी! आपका यह सेवक परिश्रम करते-करते थक गया है। अत: मेरे पापों का नाश कर मुझे अपने चरणों में स्थान प्रदान करें।

जानिहौं अब बाने की बात।
मोसौ पतित उधारौ प्रभु जौ, तौ बदिहौं निज तात॥
गीध-ब्याध, गनिकाऽरु अजामिल, ये को आहिं बिचारे।
ये सब पतित न पूजत मो सम, जिते पतित तुम तारे॥
जौ तुम पतितनि के पावन हौ, हौंहूँ पतित न छोटौ।
बिरद आपुनौ और तिहारौ, करिहौं लोटक-पोटौ॥
कै हौं पतित रहौ पावन है, कै तुम बिरद छुड़ाऊँ।

द्वै मैं एक करौं निरबारी, पतितनि-राव कहाऊँ॥
सुनियत है तुम बहु पतितनि कौं, दीन्हौ है सुखधाम।
अब तौ आनि पर्‌यौ है गाढ़ौ, सूर पतित सौं काम॥

अब मैं आपके पतित-पावन स्वरूप की महिमा जानूँगा। हे स्वामी! मुझ जैसे पतित का उद्धार करने के बाद ही मैं आपको अपना पिता मानूँगा। आपने जितने भी पतितों का उद्धार किया है, वे मेरी समता नहीं कर सकते, क्योंकि मैं उनसे भी अधिक पतित और अधर्मी हूँ। आप पतितों का उद्धार करनेवाले हैं और मैं सबसे बड़ा पतित हूँ। आपमें और मुझमें द्वंद्व छिड़ गया है। या तो अपने सुयश के अनुरूप आप मेरा उद्धार करेंगे या मैं आपका सुयश समाप्त करके रहूँगा। सूरदास कहते हैं कि हे प्रभु! आपने अनेक पतितों को सुखमय धाम प्रदान किया है; लेकिन अब आपका काम मुझ जैसे पतित से पड़ा है।

मेरी बेर क्यौं रहे सोचि?
काटि कै अघ-फाँस पठवहु, ज्यौं दियौ गज मोचि॥
कौन करनी घाटि मोसौं, सो करौं फिरि काँधि।
न्याइ कै नहिं खुनुस कीजै, चूक पल्लैं बाँधि॥
मैं कछू करिबे न छाँड्यौ, या सरीरहि पाइ।
तऊ मेरौ मन न मानत, रह्यौ अघ पर छाइ॥
अब कछू हरि! कसरि नाहीं, कत लगावत बार।
सूर प्रभु यह जानि पदवी, चलत बैलहिं आर॥

हे प्रभु! आपने गजराज, व्याध, अजामिल, गणिका, पूतना आदि अनेक पापियों का उद्धार किया है। फिर मेरा उद्धार करने में आप क्यों विचार करने लगे? उनकी तुलना में मैंने कौन से कम पाप कर्म किए हैं? मेरे दोषों तथा अवगुणों का विचार करके क्रोध मत करें। मनुष्य-शरीर को पाकर मैंने अनेक पाप किए हैं; इतने पर भी मेरा मन नहीं भरा। अभी भी मैं निरंतर पापों का चिंतन करता रहता हूँ। हे हरि! मैं पूरी तरह से पतित हो चुका हूँ। फिर आप मेरे उद्धार करने में क्यों देर कर रहे हैं? सूरदास कहते हैं कि हे स्वामी! आप पतितों का उद्धार करते हैं, इसलिए मैं आपको उत्तेजित कर अपने उद्धार की प्रार्थना कर रहा हूँ।

अब हौं हरि, सरनागत आयौं।
कृपानिधान! सुदृष्टि हेरियै, जिहिं पतितनि अपनायौ॥
ताल, मृदंग, झाँझ, इंद्रिनि मिलि, बीना, बेनु बजायौ।
मन मेरे नट के नायक ज्यौं तिनही नाच नचायौ॥
उघट्यौ सकल सगीत रीति-भव अंगनि-अंग बनायौ।
काम-क्रोध मद-लोभ-मोह की, तान-तरंगनि गायौ॥
सूर अनेक देह धरि भूतल, नाना भाव दिखायौ।
नाच्यौं नाच लच्छ चौरासी, कबहुँ न पूरौ पायौ॥

हे हरि! अब मैं आपकी शरण में हूँ। हे कृपानिधान! जिस कृपादृष्टि से देखकर आपने पतितों को पावन कर दिया, उसी कृपादृष्टि से मेरा कल्याण करें। मेरी इंद्रियों ने समय-समय पर अपनी तृप्ति का राग छेड़ा और मिलकर मुझे नट की भाँति नचाया। सभी प्रकार से आसक्ति ही प्रकट हुई; सांसारिक भोगों को पाने के लिए ही प्रयासरत रहा। सूरदास कहते हैं कि हे प्रभु! मैंने विभिन्न योनियों में अनेक कर्म किए, लेकिन कभी भी परम सुख की प्राप्ति नहीं हुई।

मन बस होत नाहिंनै मेरैं।
जिनि बातनि तै बह्यौ फिरत हौं, सोई लै-लै प्रेरै॥
कैसैं कहौं-सुनौं जस तेरे, औरै आनि खचेरै।
तुम तौ दोष लगावन कौं सिर, बैठे देखत नेरैं॥
कहा करौं यह चर्‍यौ बहुत दिन, अंकुस बिना मुकेरै।
अघ करि सूरदास प्रभु आपुन, द्वार पर्‍यौ है तेरैं॥

हे स्वामी! मन मेरे वश में नहीं होता। जिन कार्यों से जीव संसार रूपी सागर में भटकता रहता है, उसे ही बार-बार करता रहा। आपके यश का वर्णन कैसे करूँ और कैसे सुनूँ? आप मेरे हृदय में सदा रहते हैं, परंतु मेरे द्वारा किए जानेवाले कर्मों को चुपचाप देखते रहते हैं। सूरदास कहते हैं कि हे प्रभु! अब तो मुझे अपनी शरण में ले लो। मैं कब से तुम्हारे द्वार पर पड़ा हुआ हूँ।

ताहू सकुच सरन आए की, होत जु निपट निकाज।
जद्यपि बुधि बल बिभव-बिहूनौ, बहत कृपा करि लाज॥

तृन जड़, मलिन, बहत बपु राखै, निज कर गहै जु जाइ।
कैसैं कूल-मूल आस्रित कौं तजै आपु अकुलाइ॥
तुम प्रभु अजित, अनादि, लोक-पति हौं अजान, मतिहीन।
कछुव न होत निकट उत लागत, मगन होत इत दीन॥
परिहस-सूल प्रबल निसि-बासर, तातैं यह कहि आवत।
सूरदास गोपाल सरनगत भऐं न को गति पावत॥

हे प्रभु! जो अत्यंत उपयोगहीन होते हैं, उन्हें शरण में लेने में शरणदाता को लज्जा का अनुभव होता ही है। यद्यपि मैं बुद्धि, बल एवं वैभव से रहित हूँ, फिर भी आप अपनी कृपा की लज्जा रखते हैं। यदि जल में बहता हुआ मनुष्य किनारे के तिनके को पकड़ ले तो वह जड़ एवं मलिन तिनका भी उसकी रक्षा करने में सहायता करता है और उसकी रक्षा करते हुए किनारे को छोड़ देता है। यदि एक तिनके में इतनी शरणागत-वत्सलता है तो हे प्रभु! आप अजेय, अनादि एवं समस्त लोकों के स्वामी हैं। मुझ जैसे बुद्धिहीन और अज्ञानी को अपना लेने में आपका कुछ नहीं जाएगा। सूरदास कहते हैं कि हे प्रभु! जब लोग दिन-रात आपकी भक्ति का मजाक उड़ाते हैं, तब यह बात मुख से निकल जाती है कि श्रीहरि की शरण में जाने के बाद सद्गति अवश्य प्राप्त होगी।

जैसैं राखहु तैसैं रहौं।
जानत हौ दुःख-सुख जब जन के, मुख करि कहा कहौं॥
कबहुँक भोजन लहौं कृपानिधि, कबहुँक भूख सहौं।
कबहुँक चढ़ौं तुरंग, महागज, कबहुँक भार बहौं॥
कमल-नयन, घनस्याम मनोहर, अनुचर भयौ रहौं।
सूरदास-प्रभु भक्त-कृपानिधि, तुम्हरे चरन गहौं॥

हे प्रभु! आप मुझे जैसा रखना चाहेंगे, मैं उसी प्रकार रहूँगा। आप अपने सेवक के सभी सुख-दुःख जानते हैं, फिर मैं आपसे क्या प्रार्थना करूँ? हे कृपानिधान! कभी भोजन मिल जाता है तो कभी भूखा ही रह जाता हूँ। कभी घोड़े या हाथी की सवारी करता हूँ तो कभी स्वयं का भार ढोता हूँ। सूरदास कहते हैं कि हे कमलनयन! संसार में चाहे मैं जैसे भी रहूँ, लेकिन मैं सदैव

आपका दास रहूँगा। हे स्वामी! हे कृपानिधान! मेरी इतनी प्रार्थना स्वीकार कर मुझे अपनी शरण में ले लें।

तेऊ चाहत कृपा तुम्हारी।
जिन कैं बस अनिमिष अनेक गन अनुचर आज्ञाकारी॥
बहत पवन, भरमत ससि-दिनकर, फनपति सिर न डुलावै।
दाहक गुन तजि सकत न पावक, सिंधु न सलिल बढ़ावै॥
सिव-बिरंचि सुरपति-समेत सब सेवत प्रभु-पद चाए।
जो कछु करन कहत सोई-सोइ, कीजत अति अकुलाए॥
तुम अनादि, अबिगत, अनंत गुन पूरन परमानंद।
सूरदास पर कृपा करौ प्रभु, श्रीबृंदाबन-चंद।

हे प्रभु! जिनके अधीन अनेक देवगण सेवक की भाँति रहते हैं, वे शिव, ब्रह्मा और इंद्र भी आपकी कृपा के लिए लालायित रहते हैं। आपके भय से वायु चलती है; चंद्र-सूर्य घूमते हैं तथा शेषनाग अपने सिर को स्थिर रखते हैं; अग्नि जलाने का गुण नहीं छोड़ता, समुद्र अपनी सीमाएँ नहीं तोड़ता। शिव, ब्रह्मा, इंद्र आदि समस्त देवगण आपके चरणों की सेवा करते हैं तथा आपकी हर आज्ञा का पालन करने के लिए तत्पर रहते हैं। आप अनादि, अज्ञेय, अजेय और अनंत गुणों से युक्त परमानंद-स्वरूप हैं। हे स्वामी! हे कृपानिधान! सूरदास पर कृपा करें।

भरोसौ नाम कौ भारी।
प्रेम सौं जिन नाम लीन्हौ, भए अधिकारी॥
ग्राह जब गजराज घेर्‌यौ, बल गयौ हारी।
हारि कै जब टेरि दीन्ही, पहुँचे गिरिधारी॥
सुदामा-दारिद्र भंजे, कूबरी तारी।
द्रौपदी कौ चीर बढ़यौ, दुसासन गारी॥
बिभीषन कौं लंक दीनी, रावनहि मारी।
दास ध्रुव कौं अटल पद दियौ, राम-दरबारी॥
सत्य भक्तहि तारिबे कौ, लीला बिस्तारी।
बेर मेरि क्यौं ढील कीन्ही, सूर बलिहारी॥

सूर पदावली / 71

प्राणी के लिए भगवान् का नाम अत्यंत महत्त्वपूर्ण है। जिन्होंने प्रेमपूर्वक श्रद्धा से प्रभु का नाम ले लिया, वे मोक्ष-प्राप्ति के अधिकारी हो गए। ग्राह द्वारा पकड़े जाने पर बलहीन गजराज ने जब श्रीहरि के नाम की पुकार की तो श्रीहरि उसी समय उसकी सहायता के लिए प्रकट हो गए। उन्होंने सुदामा की निर्धनता दूर कर दी तथा कुब्जा का उद्धार किया। द्रौपदी के पुकारने पर कौरवों की सभा में उसकी लाज बचाई। रावण का संहार करके विभीषण को लंका का राज्य सौंप दिया। भक्त ध्रुव की भक्ति से प्रसन्न होकर उसे आकाश में अचल स्थान प्रदान किया। भक्तों की रक्षा के लिए ही समय-समय पर भगवान् ने अनेक अवतार धारण किए। सूरदास कहते हैं कि हे प्रभु! दयालु होने पर भी आपने मेरी बारी में ढिलाई क्यों की? मैं तो सब प्रकार से आपका हूँ।

ऐसे प्रभु अनाथ के स्वामी।
दीनदयाल प्रेम-परिपूरन, सब घट अंतरजामी॥
करत बिबस्त्र द्रुपद-तनया कौं, सरन-सब्द कहि आयौ।
पूजि अनंत कोटि बसननि हरि, अरि कौ गर्ब गवायौ॥
सुत हित बिप्र, कीर हित गनिका, नाम लेत प्रभु पायौ।
छिनक भजन संगति प्रताप तैं, गज अरु ग्राह छुड़ायौ॥
नर-तन, सिंह-बदन बपु कीन्हौं, जन लगि भेष बनायौ।
निज जन दुखी जानि भय तैं अति, रिपु हति, सुख उपजायौ॥
तुम्हरी औपा गुपाल गुसाईं, किहिं-किहिं स्रम न गँवायौ।
सूरदास अंध अपराधी, सो काहैं बिसरायौ॥

हे प्रभु! आप अनाथों के नाथ, दीनों पर दया करनेवाले, प्रेम से परिपूर्ण तथा सबके हृदय की बात जाननेवाले हैं। कौरवों से भरी सभा में जब द्रौपदी का चीर-हरण हो रहा था, तब आपने ही उसके वस्त्र को अनंत कोटि का बना कर शत्रुओं का गर्व नष्ट कर दिया। ब्राह्मण अजामिल ने पुत्र के उद्देश्य से तथा गणिका ने तोते के माध्यम से भगवान् का नाम लेकर प्रभु को प्राप्त कर लिया। पूर्वजन्म के भजन और सत्संग के प्रभाव से ही गजराज एवं ग्राह को आपके द्वारा संसार से मुक्ति मिल गई। भक्त प्रह्लाद की रक्षा के लिए भगवान् श्रीहरि ने नृसिंह-रूप धारण करके दैत्य हिरण्यकशिपु का संहार किया। हे स्वामी!

आपकी कृपा से अनेक पापी परमधाम को चले गए, फिर मुझ नेत्रहीन सूरदास को आपने क्यों भुला दिया?

पतितपावन जानि सरन आयौ।
उदधि संसार सुभ नाम नौका तरन, अटल अस्थान निजु निगम गायौ॥
ब्याध अरु गीध, गनिका, अजामील द्विज, चरन गौतम-तिया परसि पायौ।
अंत औसर अरध-नाम-उच्चार करि, सुम्रत गज ग्राह तैं तुम छुड़ायौ॥
अबल प्रहलाद, बलि दैत्य सुखहीं भजत, दास ध्रुव चरन चित सीस नायौ।
पांडु-सुत-बिपति मोचन महादास लखि, द्रौपदी-चीर नाना बढ़ायौ॥
भक्त-बत्सल, कृपा-नाथ असरन-सरन, भार भूतल हरन जस सुहायौ।
सूर प्रभु-चरन चित चेति-चेतन करत, ब्रह्म-सिवा-सेस-सुक-सनक ध्यायौ॥

हे प्रभु! हे स्वामी! आपके पतित-पावन स्वरूप का सुयश सुनकर ही मैं आपकी शरण में आया हूँ। संसार रूपी भवसागर से पार होने के लिए आपका नाम शुभ नौका के समान है। वेदों में आपके जिस परमधाम का वर्णन किया गया है, उसे ही गिद्ध (जटायु), गणिका, व्याध एवं अजामिल ने प्राप्त किया। महर्षि गौतम की पत्नी अहल्या आपके चरणों के स्पर्श से पाप-मुक्त हो गई। आपके आधे नाम का स्मरण करके ही गजराज ग्राह के बंधन से मुक्त हो गया। भक्त प्रह्लाद और उसका पौत्र बलि दैत्य होने के बाद भी नित्य आपका भजन करते थे। इसी भक्ति के वशीभूत होकर ध्रुव ने आपके चरणों में चित्त लगाया। आपकी कृपा से ही पांडवों के संकट दूर हुए तथा द्रौपदी की लाज की रक्षा हुई। हे प्रभु! आप भक्त-वत्सल, कृपा के स्वामी, शरणहीनों को शरण देनेवाले तथा पृथ्वी का भार दूर करनेवाले हैं। सूरदास कहते हैं कि हे प्रभु! शिव, ब्रह्मा, इंद्रादि देवगण भी आपके जिन चरणों का ध्यान करते हैं, सूरदास भी उनका चिंतन करके ज्ञान-प्राप्ति का प्रयास करता है।

जिन जिनहीं केसव उर गायौ।
तिन तुम पै गोबिंद गुसाईं, सबनि अभै-पद पायौ॥
सेवा यहै नाम सर-अवसर, जो काहुहिं कहि आयौ।
कियौ बिलंब न छिनहुँ कृपानिधि, सोइ-सोइ निकट बुलायौ॥
मुख्य अजामिल मित्र हमारौ, सो मैं चलत बुझायौ।

कहाँ-कहाँ लौं कहाँ कृपन की, तिनहुँ न स्त्रवन सुनायौ ॥
ब्याध, गीध, गनिका जिहिं कागर, हौं तिहिं चिठि न चढ़ायौ।
मरियत लाज पाँच पतितनि मैं सूर सबै बिसरायौ ॥

हे केशव! हे श्रीगोविंद! जिस-जिसने सच्चे हृदय से आपका गुणगान किया है, आपने उन्हें मोक्ष प्रदान कर दिया। आप इतने दयालु हैं कि जिसने भी समय-असमय आपके नाम का उच्चारण किया, आपने उसे उसी समय उसकी समस्त इच्छाएँ पूर्ण कर दीं। अजामिल मेरे समान ही महान पापी था, आपने उसका भी उद्धार कर दिया। लेकिन उन पतितों की सूची में आपने मेरा नाम नहीं चढ़ाया, जिनका आपको उद्धार करना है। आपने सूरदास को विस्मृत कर दिया, इसलिए लज्जा से मैं मर रहा हूँ।

जगपति नाम सुन्यौ हरि तेरौ।
मन चातक जल तज्यौ स्वाति हित, एक रूप व्रत धार्‌यौ।
नैंकु बियोग मीन नहिं मानत, प्रेमकाज बपु हार्‌यौ ॥
राका-निसि, केते अंतर ससि निमिष चकोर न लावत।
निरखि पतंग बानि नहिं छाँड़त, जदपि जोति तनु तावत ॥
कीन्हे नेह-निबाह जीव जड़, ते इत-उत नहिं चाहत।
जैहै काहि समीप सूर नर, कुटिल बचन-दव दाहत ॥

हे हरि! आप जगत्पति के नाम से जाने जाते हैं। मैंने भी आपका यही नाम सुना है। जिस प्रकार चातक स्वाति नक्षत्र के जल के अतिरिक्त अन्य किसी स्थान का जल नहीं पीता, उसी प्रकार मेरा मन भी अन्य सबको त्यागकर एकमात्र आपके स्वरूप में लीन हो गया है। जिस प्रकार जल के बिना मछली नहीं जी सकती, पूर्णिमा के चंद्रमा को चकोर एकटक देखता रहता है, दीपक को देखकर पतंगा उसके पास जाने को बेचैन हो जाता है, उसी प्रकार जो मूर्ख एवं अज्ञानी प्राणी भी प्रेम का व्रत ले लेते हैं, वे इधर-उधर नहीं देखते। फिर सूरदास मनुष्य होकर आपके अतिरिक्त किसके समीप जाएगा? कुटिल पुरुषों की वाणी अग्नि की भाँति निरंतर मुझे जलाती है; लेकिन फिर भी मैं आपका आश्रय छोड़कर अन्य किसी का आश्रय नहीं ले सकता।

अनाथ के नाथ प्रभु कृष्न स्वामी।
नाथ सारंगधर, कृपा करि मोहि पर, सकल अघ-हरन हरि गरुड़गामी॥
पर्यौ भव-जलधि मैं, हाथ धरि काढ़ि मम दोष जनि धारि चित काम-कामी।
सूर बिनती करै, सुनहु नँद-नंदन तुम, कहा कहौं खोलि कै अंतरजामी॥

मेरे स्वामी! मेरे श्रीकृष्ण! आप अनाथों के भी नाथ हैं। हे गरुड़ की सवारी करनेवाले! हे संपूर्ण पापों के नाशक श्रीहरि! मुझ पापी पर कृपा करो। मैं संसार रूपी भवसागर में डूबा हुआ हूँ, भोगों में आसक्त हूँ। आप मेरे दोषों एवं अवगुणों पर ध्यान न देकर हाथ पकड़कर मुझे भवसागर से निकाल दें। हे नंद-नंदन! सूरदास आपसे प्रार्थना कर रहा है। आप अंतर्यामी हैं, आपसे कुछ भी छिपा नहीं है। इससे अधिक मैं और क्या स्पष्ट कहूँ?

हमारे प्रभु, औगुन चित न धरौ।
समदरसी है नाम तुम्हारौ, सोई पार करौ॥
इक लोहा पूजा मैं राखत, इक घर बधिक परौ।
सो दुबिधा पारस नहिं जानत, कंचन करत खरौ॥
इक नदिया इक नार कहावत, मैलौ नीर भरौ।
जब मिलि गए तब एक-बरन है, गंगा नाम परौ॥
तन माया, ज्यौ ब्रह्म कहावत, सूर सु मिलि बिगरौ।
कै इनकौ निरधार कीजियै कै प्रन जात टरौ॥

सूरदास विनती करते हुए कहते हैं कि हे प्रभु! हे स्वामी! मेरे अवगुणों पर ध्यान मत देना। आपका एक नाम समदर्शी भी है, इसलिए अपने नाम के अनुरूप मेरा कल्याण करें। एक लोहा तलवार के रूप में पूजा में रखा जाता है और एक लोहा छुरी के रूप में कसाई के घर होता है। लेकिन समदर्शी भाव होने के कारण पारस दोनों को ही स्पर्श करके सोना बना देता है। एक नदी कहलाती है और एक नाला। दोनों में अंतर होने के बाद भी समदर्शी गंगाजी के स्पर्श से वे परम पावन हो जाते हैं। सूरदास कहते हैं कि यह शरीर माया और जीव ब्रह्म का अंश कहलाता है। लेकिन माया के प्रभाव के कारण ब्रह्म रूपी जीव अपने स्वरूप से अलग हो गया है। अब आप जीव का अहंकार और ममता मिटाकर उसे अलग कर दें, अन्यथा पतितों का उद्धार करने की आपकी प्रतिज्ञा मिट जाएगी।

हरि बिनु कोऊ काम न आयौ।
इहि माया झूठी प्रपंच लगि, रतन-सौ जनम गँवायौ॥
कंचन कलस, बिचित्र चित्र करि, रचि-पचि भवन बनायौ।
तामैं तैं ततछन ही काढ्यौ, पल भर रहन न पायौ॥
हौं तब संग जरौंगी, यौं कहि, तिया धूति धन खायौ।
चलत रही चित चोरि, मोरि मुख, एक न पग पहुँचायौ॥
बोलि-बोलि सुत-स्वजन-मित्रजन, लीन्यौ सुजस सुहायौ।
पर्‌यौ जु काज अंतकी बिरियाँ, तिनहुँ न आनि छुड़ायौ॥
आसा करि-करि जननी जायौ, कोटिक लाड़ लड़ायौ।
तोरि लायौ कटिहू कौ डोरा, तापर बदन जरायौ॥
पतित-उधारन, गनिका-तारन, सो मैं सठ बिसरायौ।
लियौ न नाम कबहुँ धोखैं हूँ, सूरदास पछितायौ॥

हे मन! हरि के अतिरिक्त कोई काम नहीं आएगा। इस झूठे संसार की मोह-माया में आसक्त होकर मैंने अमूल्य मनुष्य-जन्म खो दिया। जिस पर सोने का कलश बनाकर चित्रकारी करवाई थी, ऐसा भवन मैंने बड़े परिश्रम से बनवाया था। लेकिन प्राण निकलते ही मेरे शरीर को उस भवन से निकाल दिया गया। सती होने का प्रपंच करनेवाली मेरी स्त्री ने भी मुँह फेर लिया। जिन पुत्रों, बंधु-बांधवों एवं मित्रों को बुला-बुलाकर उनकी सहायता की थी, वे ही मुझे जलती हुई अग्नि में छोड़ गए। सूरदास कहते हैं कि मोह-माया के बंधनों में जकड़कर मैंने पतितों का उद्धार करनेवाले श्रीहरि को भी विस्मृत कर दिया; भूलवश भी कभी उनका नाम नहीं लिया। अब मैं पश्चात्ताप कर रहा हूँ।

जा दिन संत पाहुने आवत।
तीरथ कोटि सनान करैं फल, जैसौ दरसन पावत॥
नयौ नेह दिन-दिन प्रति उन कैं, चरन-कमल चित लावत।
मन-बच-कर्म और नहिं जानत, सुमिरत औ सुमिरावत॥
मिथ्या-वाद-उपाधि-रहित है, बिमल-बिमल जस गावत।
बंधन कर्म कठिन जे पहिले, सोऊ काटि बहावत॥
संगति रहैं साधु की अनुदिन, भव-सुख दूरि नसावत।
सूरदास संगति करि तिन की, जे हरि-सुरति करावत॥

सत्पुरुषों के विषय में सूरदास कहते हैं कि जिस दिन अतिथि रूप में सत्पुरुष घर पधारते हैं, उस दिन उनका दर्शन करने से गृह स्वामी वैसा ही फल प्राप्त कर लेता है जिस प्रकार करोड़ों तीर्थों में स्नान करने के बाद प्राप्त होता है। उन सत्पुरुषों के चरण-कमलों में चित्त लगाने से दिन-प्रतिदिन भगवान् में प्रेम बढ़ता रहता है। उन संतों को मन, वाणी और कर्म से कोई सरोकार नहीं होता। सांसारिक झगड़ों एवं विवादों से दूर रहकर वे निरंतर भगवान् के पावन नाम का सुमिरन करते रहते हैं। सूरदास कहते हैं कि जो मनुष्य संतों की संगत करते हैं, वे जन्म-मरण के दुःख से मुक्ति पा जाते हैं। इसलिए उन सत्पुरुषों की संगत करनी चाहिए, जो श्रीहरि का स्मरण कराते हैं।

जौ लौं सत-सरूप नहिं सूझत।
तौ लौं मृग मद नाभि बिसारें, फिरत सकल बन बूझत॥
अपनौ मुख मसि-मलिन मंदमति, देखत दर्पन माहीं।
ता कालिमा मेटिबे कारन, पचत पखारत छाहीं॥
तेल-तूल-पावक पुट भरि धरि, बनै न बिना प्रकासत।
कहत बनाइ दीप की बतियाँ, कैसैं धौं तम नासत॥
सूरदास यह मति आए बिन, सब दिन गए अलेखे।
कहा जानै दिनकर की महिमा, अंध नैन बिन देखे॥

जिस प्रकार नाभि में स्थित कस्तूरी को भूलकर मृग उसे ढूँढ़ने के लिए वन-वन भटकता है, उसी प्रकार जब तक मनुष्य को आत्मतत्त्व की अनुभूति नहीं होती तब तक वह भटकता रहता है। दीपक में तेल, रुई और निकट अग्नि रख देने पर भी बिना दीपक जलाए अंधकार दूर नहीं होता, उसी प्रकार केवल ज्ञान की बातें करने से अज्ञान नष्ट नहीं होता। सूरदास कहते हैं कि आत्मबोध के बिना यह पूरा जीवन व्यर्थ चला गया। जिस प्रकार नेत्रहीन जीव देखे बिना सूर्य का माहात्म्य नहीं जान सकता, उसी प्रकार आत्मबोध आनंद का अनुभव केवल वही कर सकता है, जो इसे जानता है।

जौ लौं मन कामना न छूटै।
तौ कहा जोग-जज्ञ ब्रत कीन्हैं, बिनु कन तुस कौं कूटै॥

कहा सनान किय तीरथ के, अंग भस्म, जट-जूटै।
कहा पुरान जुट पढ़े अठारह, ऊर्ध्व धूम के घूटैं॥
जग सोभा की सकल बड़ाई, इन तैं कछू न खूटै।
करनी और कहै कछु औरै, मन दसहूँ दिसि टूटै॥
काम क्रोध, मद, लोभ सत्रु हैं जो इतननि सौं छूटै।
सूरदास तबहीं तम नासैं, ज्ञान-अगिनि-झर फूटै॥

सूरदास कहते हैं कि जब तक मन कामनाओं का त्याग न कर दे तब तक योग, तप, जप, व्रत आदि करने से कोई लाभ नहीं है। यदि मन सांसारिक भोगों में आसक्त है तो तीर्थों में स्नान करने, शरीर पर भस्म लगाने, जटा-जूट रखने अथवा वेदों एवं पुराणों को पढ़ने से क्या लाभ? सूरदास कहते हैं कि यदि मन पूर्णतः विरक्त हो जाए तथा काम, क्रोध, मद, लोभ एवं मोह रूपी जीव के शत्रु वश में हो जाए, तभी अज्ञान का नाश और ज्ञान का उदय होगा।

मेरौ मन अनत कहाँ सुख पावै।
जैसें उड़ि जहाज को पच्छी, फिर जहाज पर आवै॥
कमल-नैन कौं छाँड़ि महातम, और देव कौं ध्यावै।
परम गंग कौं छाँड़ि पियासौ, दुरमति कूप खनावै॥
जिहिं मधुकर अंबुज-रस चाख्यौ, क्यों करील-फल भावै।
सूरदास-प्रभु कामधेनु तजि, छेरी कौन दुहावै॥

हे प्रभु! आपके अतिरिक्त मेरे मन को कहाँ सुख प्राप्त होगा? जिस प्रकार समुद्र के बीच चलनेवाले जहाज का पक्षी घूम-फिरकर पुनः जहाज पर आकर बैठ जाता है, उसी प्रकार मेरा एकमात्र आश्रय आप हैं। जो श्रीहरि को छोड़कर किसी अन्य का आश्रय लेता है, उस दुर्बुद्धि की स्थिति ठीक उस मनुष्य जैसी है, जो प्यास लगने पर गंगा का जल छोड़कर कुआँ खुदवाता है। सूरदास कहते हैं कि हे स्वामी! हे नाथ! कामधेनु के समान श्रीहरि को छोड़कर माया रूपी बकरी को कौन दुहना चाहेगा? अर्थात् श्रीहरि की शरण में जाने के बाद माया का सुख तुच्छ हो जाता है।

सब तजि भजिऐ नंद-कुमार।
और भजे तैं काम सरै नहिं, मिटै न भव-जंजार॥

जिहिं-जिहिं जौनि जन्म धार्‌यौ, बहु जोर्‌यो को भार।
तिहि काटन कौं समरथ हरि कौ तीछन नाम कुठार॥
बेद, पुरान, भागवत, गीता, सब कौ यह मत सार।
भव-समुद्र हरि-पद-नौका बिनु कोउ न उतारै पार॥
यह जिय-जानि, इहीं छिन भजि दिन, बीते जात असार।
सूर पाइ यह समौ लाहु लहि, दुर्लभ फिरि संसार॥

हे जीव! संसार की समस्त आसक्तियों को त्यागकर एकमात्र श्रीहरि का सुमिरन कर। दूसरे किसी का भजन करने से संसार का मायाजाल नष्ट नहीं होगा। तूने जिस-जिस योनि में जन्म लिया, उसी में पापों का बोझ सिर पर लादा। इस पाप रूपी वृक्ष को काटने के लिए केवल श्रीहरि का नाम रूपी कुल्हाड़ा ही समर्थ है। वेद, पुराण, उपनिषद्, भागवत गीता आदि सभी शास्त्रों का यही मत है कि श्रीहरि के चरण रूपी नौका के बिना संसार रूपी भवसागर पार नहीं किया जा सकता। जीवन के दिन पल-प्रतिपल नष्ट हो रहे हैं, इसलिए हे मन! तू अभी से श्रीहरि का भजन आरंभ कर दे। सूरदास कहते हैं कि हे मनुष्य! इस जन्म का पूर्णतः लाभ उठा ले, अन्यथा ऐसा सुवअसर फिर दुर्लभ हो जाएगा।

भजि मन! नंद-नंदन-चरन।
परम पंकज अति मनोहर, सकल सुख के करन॥
सनक-संकर ध्यान धारत, निगम-आगमन बरन।
सेस, सारद, रिषय नारद, संत चिंतन सरन॥
पद-पराग-प्रताप दुर्लभ, रमा कौ हित-करन।
परसि गंगा भई पाबन, तिहूँ पुर धन-धरन॥
चित्त चिंतन करत जग-अघ हरत, तारन-तरन।
गए तरि लै नाम केते, पतित, हरि-पुर-घरन॥
जासु पद-रज-परस गौतम-नारि-गति उद्धरन।
जासु महिमा प्रगति केवट, धोइ पग सिर धरन॥
कृष्न-पद-मकरंद पावन और नहिं सरबरन।
सूर भजि चरनारबिंदनि, मिटै जीवन-मरन॥

श्रीचरणों की महत्ता का वर्णन करते हुए सूरदास कहते हैं कि हे मन! संसार की समस्त आसक्तियाँ छोड़कर नंद-नंदन के श्रीचरणों का भजन कर। वे कमल से भी श्रेष्ठ, मनोहर और समस्त सुख प्रदान करनेवाले हैं। वेद-पुराण भी उनके माहात्म्य का गान करते हैं। शिव, ब्रह्मा, शेषनाग, नारद तथा संतजन निरंतर उनका सुमिरन करते हैं, फिर भी उनके चरणों की धूल रूपी पराग प्राप्त करना उनके लिए अत्यंत कठिन है। उनके चरणों का स्पर्श पाकर गंगा भी पवित्रता प्रदान करनेवाली हो गईं। जो श्रीहरि के चरणों का चिंतन करते हैं, वे अपने साथ-साथ दूसरों का भी उद्धार करने योग्य हो जाते हैं। कितने ही पापियों और अधर्मियों ने उनका चिंतन कर बैकुंठ प्राप्त किया। उनके चरणों के स्पर्श मात्र से ही महर्षि गौतम की शिला रूपी पत्नी अहल्या शापमुक्त हो गई थी। सूरदास कहते हैं कि उनके श्रीचरणों की तुलना किसी से नहीं की जा सकती। इसलिए हे मन! तू निरंतर श्रीहरि के चरण-कमलों की वंदना कर, जिससे जन्म-मरण का चक्र पूर्णतः समाप्त हो जाए।

□

विरह पदावली

सुन्यौ ब्रज-लोग कहत यह बात।
चक्रित भए नारि-नर ठाढ़े, पाँच न आवै सात॥
चक्रित नंद, जसुमति भइ चक्रित, मन-हीं-मन अकुलात।
दै-दै सैन स्याम बलरामहि सबै बुलावत जात॥
पारब्रह्म अबिगत अबिनासी, माया-रहित अतीत।
मनौं नाहिं पहिचानि कहूँ की, करत सबै मन भीत॥
बोलत नाहिं नैकु चितवत नहिं, सुफलक-सुत सौं पागैं।
सूर हमैं हित करि नृप बोले, यहै कहत ता आगैं॥

श्रीकृष्ण के मथुरा प्रस्थान के समय ब्रज की दशा के विषय में बताते हुए सूरदास कहते हैं कि जब ब्रजवासियों ने श्रीकृष्ण और बलराम के मथुरा जाने की बात सुनी तो वे हतप्रभ रह गए; किसी को भी उन्हें रोकने का कोई उपाय नहीं सूझा। नंदजी और यशोदा पीड़ा से छटपटा रहे थे; जबकि ब्रज के सभी नर-नारी श्यामसुंदर और बलराम को संकेत कर अपने पास बुलाने लगे। परंतु वे तो साक्षात् परब्रह्म हैं, जिनका न तो कभी नाश होता है और न ही माया उन पर अपना प्रभाव डाल सकती है। अत: वे अनजान बनकर उनकी पुकार सुनी-अनसुनी करने लगे। वे अक्रूर का पक्ष लेकर कहने लगे कि हमें राजा कंस ने प्रेमपूर्वक अपने पास बुलाया है।

चलन, चलन स्याम कहत, लैन कोउ आयौ।
नंद-भवन भनक सुनी, कंस कहि पठायौ॥
ब्रज की नारि, गृह बिसारि, ब्याकुल उठि धाईं।

समाचार बूझन कौं, आतुर ह्वै आई॥
प्रीति जानि, हेत मानि, बिलख बदन ठाढ़ीं।
मानौ वै अति बिचित्र, चित्र लिखीं काढ़ीं॥
ऐसी गति ठौर-ठौर, कहत न बनि आवै।
सूर स्याम बिछुरैं, दुख-बिरह काहि भावै॥

विरह की वेदना से गोपियाँ भी अछूती नहीं थीं। कोई गोपी कह रही है कि सखी! श्याम को कोई मथुरा से लेने आया है, इसलिए वे बार-बार जाने की बात कर रहे हैं। नंद-भवन में मैंने सुना है कि कंस ने मोहन को मथुरा लाने की आज्ञा दी है। गोपी की बात सुनकर अन्य स्त्रियाँ व्याकुल हो उठीं और तीव्रता के साथ नंद के घर जा पहुँचीं। विरह-वेदना से पीड़ित गोपियाँ मलिन मुख बनाकर इस प्रकार खड़ी थीं मानो किसी ने उन्हें चित्रित कर दिया हो। सूरदास कहते हैं कि श्यामसुंदर से वियोग भला किसे प्रिय होगा!

स्याम गऐं सखि प्रान रहैंगे ?
अरस-परस ज्यौं बातैं कहियत, तैसैं बहुरि कहैंगे ?
इंदु-बदन खग नैन हमारे, जानति और चहैंगे ?
बासर-निसि कहुँ होत न न्यारे, बिछुरनि हृदय सहैंगे ?
एक कहौं तुम आगें बानी, स्याम न जाहिं रहैंगे।
सूरदास-प्रभु जसुमति कौं तजि, मथुरा कहा लहैंगे॥

विरह-वेदना से पीड़ित गोपी के हृदय की बात बताते हुए सूरदास कहते हैं कि हे सखी! श्यामसुंदर के चले जाने के बाद हमारे प्राण नहीं रहेंगे। जिस प्रकार हम अभी बातें कर रहे हैं, उसी प्रकार क्या फिर बातें करेंगी? श्याम के सलोने मुखड़े को देखकर प्रसन्न होनेवाले हमारे नेत्र किसी और को देखना पसंद करेंगे? क्या उनका वियोग हमारा हृदय सह सकेगा? हम श्याम को कहीं नहीं जाने देंगे। यशोदा मैया को छोड़कर श्याम मथुरा जाकर क्या करेंगे?

सखी री, हौं गोपालहिं लागी।
कैसैं जिऐं बदन बिनु देखें, अनुदिन छिन अनुरागी॥
गोकुल कान्ह कमल-दल-लोचन, हरि सबहिनि के प्रान।
कौंन न्याव, तुम्ह कहत जो इन कौं मथुरा कौं लै जान॥

तुम्ह अक्रूर बड़े के ढोटा, अति कुलीन मति-धीर।
बैठत सभा बड़े राजन की, जानत हौ पर-पीर॥
लीजै लाग इहाँ तैं अपनौ, जो कछु राज कौ अंस।
नगर बोलि ग्वालन के लरिका, कहा करैगौ कंस॥
मेरें बलरामै धन माई, माधौ ही सब अंग।
बहुरि सूर हौं कापै माँगौं, पठै पराए संग॥

यशोदा की दशा का अपने शब्दों में वर्णन करते हुए सूरदास कहते हैं कि हे सखी! मेरे प्राण गोपाल में बसे हुए हैं। वे नित्य-प्रतिदिन उनका दर्शन करता है; फिर उन्हें देखे बिना मेरे प्राण कैसे रहेंगे? गोपाल गोकुल में सबके प्राण हैं। फिर उन्हें गोकुल से मथुरा ले जाने में कहाँ का न्याय है? अक्रूर! आप राजा कंस की सभा के सदस्य हैं, अतः सबकी पीड़ा से परिचित हैं। यहाँ राजा का जो कुछ बनता है, आप उसे साथ ले जाएँ। लेकिन गोपाल को मथुरा बुलाकर कंस क्या करेगा? हे सखी! बलराम ही मेरा धन है, गोपाल ही मेरा शरीर है। दूसरे के साथ भेजकर फिर किससे इन्हें माँगूगी?

जसोदा बार-बार यौं भाखै।
है कोउ ब्रज मैं हितू हमारौ, चलत गुपालै राखै॥
कहा काज मेरे छगन-मगन कौं, नृप मधुपुरी बुलायौ।
सुफलक-सुत मेरे प्रान हरन कौं, काल-रूप ह्वै आयौ॥
बरु यह गोधन हरौ कंस सब, मोहि बंदि लै मेलै।
इतनौई सुख कमल-नैन मेरी अँखियनि आगैं खेलै॥
बासर बदन बिलोकत जीवौ, निसि निज अंकम लाऊँ।
तिहिं बिछुरत जौ जियौं करम-बस, तौ हँसि काहि बुलाऊँ॥
कमल-नैन-गुन टेरत-टेरत, अधर बदन कुम्हिलानी।
सूर कहाँ लगि प्रगट जनाऊँ, दुखित नंद की रानी॥

यशोदा व्याकुल होकर बार-बार कहती है कि ब्रज में हमारा कोई ऐसा हितैषी है, जो जाते हुए गोपाल को रोक ले। न जाने किस कार्य हेतु राजा कंस ने मेरे प्यारे बच्चों को मथुरा बुलाया है? यह अक्रूर तो मेरे प्राण हरनेवाला बन गया है। भले ही कंस मेरा सारा गोधन ले जाए, मुझे कारावास में डाल दे;

लेकिन मोहन को मेरे नेत्रों से दूर न करे। यदि यह मथुरा चला गया तो मैं किसे हँसकर बुलाऊँगी? सूरदास कहते हैं कि इस प्रकार श्याम के गुण गाते-गाते यशोदा के होंठ सूख गए। मैं अत्यंत दुःखी उस नारी की दशा का वर्णन कहाँ तक करूँ?

जसुमति अतिहीं भई बिहाल।
सुफलक-सुत यह तुमहि बूझियत, हरत हमारे बाल॥
ए दोउ भैया जीवन हमरे, कहति रोहिनी रोइ।
धरनी गिरति उठति अति ब्याकुल, कहि राखत नहिं कोइ॥
निठुर भए जब तैं यह आयौ, घरहू आवत नाहिं।
सूर कहा नृप पास तुम्हारौ, हम तुम्ह बिनु मरि जाहिं॥

सूरदास कहते हैं कि श्रीकृष्ण के जाने की बात सुनकर यशोदा अत्यंत व्याकुल हो गईं और दुःखी स्वर में बोलीं कि हे अक्रूर! ये दोनों मेरा जीवन हैं। लेकिन आप इनका हरण करके ले जा रहे हो, क्या यह उचित है? उस समय रोहिणी भी रोते हुए पृथ्वी पर गिर पड़ती हैं और दुःखी होकर कहती हैं कि कोई श्यामसुंदर को समझाता नहीं है। जब से अक्रूर आए हैं, तभी से ये भी निष्ठुर हो गए हैं। कोई इन्हें समझाए कि इनके बिना हम जीवित नहीं रह सकतीं।

बिनु परबै उपराग आज हरि, तुम्ह है चलन कह्यौ।
को जानै उहिं राहु रमापति! कत ह्वै सोध लह्यौ॥
वह तकि बीच नीच नैननि मिलि, अंजन रूप रह्यौ।
बिरह-संधि बल पाइ मनौ हठि, है तिय-बदन गह्यौ॥
दुसह दसन मनु धरत स्त्रमित अति, परस परत न सह्यौ।
देखौ देव! अमृत अंतर तैं, ऊपर जात बह्यौ॥
अब यह ससि ऐसौ लागत, ज्यौं बिनु माखनहिं मह्यौ।
सूर सकल रसनिधि दरसन बिन, मुख-छबि अधिक दह्यौ॥

गोपी के हृदय की बात को प्रस्तुत करते हुए सूरदास कहते हैं कि हे श्यामसुंदर! तुम्हारे जाने की बात सुनकर ऐसा लगता है मानो बिना पूर्णिमा के ही आज ग्रहण लग गया हो। हे श्याम! न जाने उस राहु को कहाँ से चंद्रमा का पता लग गया।

शायद नीच राहु अंजन के साथ मिलकर आँखों के नीचे रह रहा था। इसलिए पूर्णिमा और प्रतिपदा की संधि का बल पाकर उसने गोपियों के मुखचंद्र को ग्रस लिया। हे देव! मुखचंद्र के अंतर से स्नेह का अमृत बह रहा है। इस समय चंद्रमा इतना फीका लग रहा है जैसे मक्खन का मट्ठा हो। हे समस्त रसों के निधान! आपके दर्शन के बिना गोपियों के मुख की शोभा ने इन्हें अधिक दुःखी किया है।

केतिक दूरि गयौ रथ, माई ?
नंद-नँदन के चलत सखी हौं, हरि कौं मिलन न पाई॥
एक दिवस हौं द्वार नंद के, नाहिं रहति बिन आई।
आज बिधाता मति मेरी हरी, भवन-काज बिरमाई॥
जब हरि ऐसौ साज करत है, काहु न बात चलाई।
ब्रजहीं बसत बिमुख भइ हरि सौं, सूल न उर तैं जाई॥
सोवत ही सुपने की संपति, रही जियहिं सुखदाई।
सूरदास-प्रभु बिनु ब्रज बसिबौ, एकौ पल न सुहाई॥

श्रीकृष्ण और बलराम जब मथुरा के लिए निकल पड़े, उस समय एक गोपी कहती है कि हे सखी! रथ कितनी दूर गया होगा? मैं अभागी चलते समय उनके दर्शन भी नहीं कर सकी। मैं नंदजी के घर प्रतिदिन आती थी, किंतु आज ब्रह्माजी ने मेरी बुद्धि भ्रमित कर दी और मैं घर के कार्यों में उलझी रह गई। जिस समय श्यामसुंदर मथुरा जाने की तैयारी कर रहे थे, उस समय किसी ने मुझसे इसकी चर्चा नहीं की। मोहन से विमुख होने की वेदना मेरे हृदय को भेद रही है। अब सूरदास के प्रभु के बिना ब्रज में रहना एक पल के लिए भी अच्छा नहीं लगता।

आज रैनि नहिं नींद परी।
जागत गिनत गगन के तारे, रसना रटत गोबिंद हरी॥
वह चितवन वह रथ की बैठन, अब अक्रूर की बाँह गही।
चितवति रही ठगी-सी ठाढ़ी, कहि न सकति कछु काम दही॥
इते मान ब्याकुल भई सजनी, आरज-पंथहुँ तैं बिडरी।
सूरदास-प्रभु जहाँ सिधारे, कितिक दूर मथुरा नगरी॥

गोपी कहती है कि हे सखी! आज मुझे नींद नहीं आई। सारी रात मैंने तारे गिनते हुए और गोविंद हरि का नाम रटते हुए काट दी। रथ पर बैठने के लिए जब उन्होंने अक्रूर का हाथ पकड़ा, तब मंत्रमुग्ध होकर मैं उन्हें देखती रही तथा कामदेव द्वारा पीड़ित किए जाने के कारण कुछ कह न सकी। सखी! मैं इतनी व्याकुल हो गई और अपने स्वामी के साथ मथुरा न जा सकी। हमारे स्वामी जहाँ गए हैं, वह मथुरा नगरी कितनी दूर है?

सुंदर बदन सुख-सदन स्याम कौ, निरखि नयन-मन थाक्यौ।
बारक इन्ह बीथिनि ह्वै निकसे, उझकि झरोखे झाँक्यौ॥
उन्ह इक कछू चतुरई कीन्ही, गैंद उछारि जु ताक्यौ।
बारौं लाज भई मोहि बैरिनि मैं गँवारि मुख ढाक्यौ॥
कछु करि गए तनिक चितवनि में, रहत प्रान मद छाक्यौ।
सूरदास-प्रभु सरबस लै गए, हँसत-हँसत रथ हाँक्यौ॥

हे सखी! श्यामसुंदर का सुंदर मुख सुखों का निवास है। उसे देखकर मेरे नेत्र और हृदय मंत्रमुग्ध हो गए हैं। एक बार वे इस गली में निकले थे और मैंने खिड़की में से उन्हें देखा था। उन्होंने भी चतुराईपूर्वक मुझे देखा। उस समय लज्जा ने मेरे मुख को ढक लिया। वे एक झलक देखने मात्र से मेरे प्राण को प्रेम से तृप्त कर गए। मेरे स्वामी मेरा सर्वस्व ले गए और उन्होंने हँसते-हँसते रथ हाँक दिया।

गुपालराइ, हौं न चरन तजि जैहौं।
तुमहि छाँड़ि मधुबन मेरे मोहन, कहा जाइ ब्रज लैहौं॥
कहिहौं कहा जाइ जसुमति सौं, जब सनमुख उठि ऐहै।
प्रात समै दधि मथत छाँड़ि कै, काहि कलेऊ दैहै॥
बारह बरस दियौ हम ढीठौ, यह प्रताप बिन जाने।
अब तुम प्रगट भए बसुद्यौ-सुत गर्ग-बचन परमाने॥
रिपु हति काज सबै कत कीन्हौ, कत आपदा बिनासी।
डारि न दियौ कमल कर तैं गिरि, दबि मरते ब्रजबासी॥
बासर संग सखा सब लीन्हे, टेरि न धेनु चरैहौ।
क्यौं रहिहैं मेरे प्रान दरस बिनु, जब संध्या नहिं एहौ॥

ऊरध साँस चरन-गति थाकी, नैन नीर मरहाइ।
सूर नंद-बिछुरत की बेदनि, मो पै कही न जाइ॥

नंदजी कहते हैं कि हे गोपाल! मैं तुम्हें छोड़कर ब्रज नहीं जाऊँगा। तुम्हारे बिना मैं वहाँ क्या करूँगा? जब यशोदा मुझसे तुम्हारे बारे में पूछेगी, तब मैं क्या कहूँगा? वह सवेरे दही मथना छोड़कर किसे भोजन देगी? तुम्हारे बारे में जाने बिना बारह वर्षों तक हमने तुम्हारे साथ धृष्टतापूर्ण व्यवहार किया। परंतु अब गर्ग मुनि द्वारा बताए जाने पर तुम वसुदेव के पुत्र रूप में विख्यात हो गए हो। यदि इसी प्रकार हमें वियोग द्वारा मारना था तो शत्रुओं का संहार कर हमारी विपत्तियाँ क्यों नष्ट कीं? हाथ पर धारण किया हुआ गोवर्धन हमारे ऊपर क्यों नहीं गिरा दिया? अब जब तुम गाय नहीं चराओगे तथा संध्या होते ही लौटकर नहीं आओगे, तब तुम्हारे दर्शन किए बिना हम कैसे रह पाएँगे? सूरदास कहते हैं कि उस समय नंद की साँसें तेज-तेज चलने लगीं, चरणों की गति रुक गई तथा नेत्रों से आँसू बहने लगे। श्रीकृष्ण से अलग होते समय नंदजी की जो दशा थी, उसका वर्णन करने में मैं असमर्थ हूँ।

बार-बार मग जोवति माता। ब्याकुल बिन मोहन बल-भ्राता॥
आवत देखि गोप-नँद साथा। बिबि बालक बिन भई अनाथा॥
धाई धेंनु बच्छ ज्यौं ऐसैं। माखन बिना रहे धौं कैसैं॥
ब्रज-नारी हरषित सब धाईं। महरि जहाँ-तहँ आतुर आईं॥
हरषित मात रोहिनी आई। उर भरि हलधर लेउँ कन्हाई॥
देखे नंद गोप सब देखे। बल-मोहन कौं तहाँ न पेखे॥
आतुर मिलन काज ब्रज-नारी। सूर मधुपुरी रहे मुरारी॥

मोहन और बलराम के बिना व्याकुल माता यशोदा बार-बार मार्ग निहार रही हैं। किंतु गोपों सहित नंदजी को दोनों पुत्रों के बिना आते देख वे दुःखी हो जाती हैं। जिस प्रकार बछड़े से मिलने के लिए गाय दौड़ती है, उसी प्रकार वे तेजी से नंद के पास पहुँचीं और आतुर होकर बोलीं कि इतने दिनों तक मेरे लाल बिना मक्खन के कैसे रहे? रोहिणी सहित ब्रज की अन्य स्त्रियाँ भी प्रसन्नता से भरकर दौड़ आईं। लेकिन उन्हें वहाँ कृष्ण और बलराम दिखाई नहीं दिए।

सूरदास कहते हैं कि जिन्हें मिलने के लिए वे सभी व्याकुल थीं, वे मथुरा में ही रह गए थे।

नंद, कहाँ हो कहँ छाँड़े हरि।
लै जु गए जैसैं तुम्ह ह्याँतैं, ल्याए किन वैसैंहिं आगैं धरि॥
पोलि-पोषि मैं किए सयाने, जिन मारे गज, मल्ल, कंस-अरि।
अव भए तात देवकी-बसुद्यौ, बाँह पकरि ल्याए न न्याव करि॥
देखौ दूध, दही, घृत, माखन, मैं राखे सब वैसैं ही धरि।
अब को खाइ नंद-नंदन बिनु, गोकुल-मनि मथुरा जु गए हरि॥
श्रीमुख देखन कौं ब्रजबासी, रहे ते घर आँगन मेरे भरि।
सूरदास-प्रभु के जु सँदेसे, कहे महर आँसू गदगर करि॥

यशोदा व्याकुल होकर कहती हैं कि हे नंदजी! आपने कृष्ण को कहाँ छोड़ दिया? आप उन्हें जैसे लेल्र गए थे वैसे लेकर क्यों नहीं आए? दैत्यों एवं राक्षसों का संहार करनेवाले जिस पुत्र को मैंने बड़ी कठिनाई से पाला था, अब वसुदेव और देवकी उसके माता-पिता बन गए हैं। आप उन दोनों को बाँह पकड़कर क्यों नहीं ले आए? दूध, दही, मक्खन, घी आदि मैंने रखा हुआ है। अब कृष्ण के बिना इन्हें कौन खाएगा? उनका श्रीमुख देखने के लिए ब्रजवासी एकत्र हो गए हैं। मैं उन्हें क्या कहूँ? तब नंदजी ने आँखों में आँसू भरकर उन्हें सूरदास के स्वामी का संदेश सुनाया।

मेरौ अति प्यारौ नँद-नंद।
आए कहाँ छाँड़ि तुम्ह उन्ह कौं, पोच करी मतिमंद॥
बल-मोहन दोउ मीड़ नैन की, निरखत ही आनंद।
सरवर घोष, कुमोदिन ब्रज-जन, स्याम-बदन बिनु चंद॥
काहें न पाइँ परे बसुद्यौ के घालि पाग गर-फंद।
सूरदास-प्रभु अब कैं पठवहु, सकल लोक-मुनि-बंद॥

यशोदा कहती हैं कि नंदजी! वह मेरा लाल प्राणों से भी प्रिय था, आप उसे कहाँ छोड़ आए हैं? हे मंदबुद्धि! तुमने यह बहुत बुरा कार्य किया। दोनों पुत्र मेरी आँखों के तारे थे, जिन्हें देख मुझे अपार आनंद होता था। गोकुल रूपी सरोवर और ब्रजवासी रूपी कुमुदिनी उनके चंद्रमा रूपी मुख से रहित हो गए

हैं। पगड़ी का फंदा गले में डालकर प्रार्थना करते हुए आप वासुदेव के पैर में क्यों नहीं गिर पड़े कि तीनों लोकों एवं मुनिजन के स्वामी को हमारे साथ ब्रज भेज दीजिए।

तब तैं मिटे सब आनंद।
या ब्रज की सब भाग-संपदा, लै जु गए नँद-नंद॥
बिह्वल भई जसोदा डोलति, दुखित नंद-उपनंद।
धेनु नहीं पय स्त्रवतिं रुचिर मुख, चरतिं नहीं तृन-कंद॥
बिषम बियोग दहत उर सजनी, बाढ़ि रहे दुख-दंद।
सीतल कौन करै री माई, नाहिं इहाँ ब्रज-चंद॥
रथ चढ़ि चले, गहे नहिं काहू, चाहि रही मति-मंद।
सूरदास अब कौन छुड़ावै, परे बिरह के फंद॥

एक गोपी कहती है कि हे सखी! कृष्ण के बिना ब्रज का सारा आनंद मिट गया है; ब्रज का सारा वैभव और सौभाग्य नंद-नंदन अपने साथ ले गए हैं। माता यशोदा व्याकुल हो रही हैं, नंद और उपनंद दुःखी हैं। गायें प्रसन्न मुख से दूध नहीं देतीं, चारा नहीं चरतीं। सखी! श्यामसुंदर के वियोग में मेरा रोम-रोम जल रहा है। जब वे रथ पर चढ़कर मथुरा जा रहे थे, तब किसी ने उन्हें क्यों नहीं रोका? मैं भी एकटक उन्हें देखती रह गई। पूरा ब्रज वियोग के फंदे में जकड़ा हुआ है; अब कौन उन्हें इससे मुक्त करेगा?

हरि की एकौ बात न जानी।
कहौ कंत कहँ तज्यौ स्याम कौं, कहति बिकल नँदरानी॥
अब ब्रज सून भयौ गिरिधर बिन, गोकुल मनि बिलगानी।
दसरथ प्रान तज्यौ छिन भीतर, बिछुरत सारँगपानी॥
ठाढ़ी रहै ठगोरी डारी, बोलति गदगद बानी।
सूरदास-प्रभु गोकुल तजि गए, मथुरा ही मन मानी॥

नंदरानी व्याकुल होकर नंद से कहती हैं कि हैं ब्रजराज! मुझे श्यामसुंदर का एक भी समाचार नहीं मिला। हे स्वामी! आपने उन्हें कहाँ छोड़ा है? गोकुल की मणि उससे पृथक् हो गई है, इसलिए संपूर्ण ब्रज सूना-सूना हो गया है। श्रीराम के वियोग में तो राजा दशरथ ने एक क्षण में प्राण त्याग दिए थे। वे इस

प्रकार खड़ी हैं जैसे किसी ने उन पर जादू कर दिया हो। वे भरे स्वर में कहती हैं कि कृष्ण ब्रज छोड़कर चले गए हैं। अब उन्हें मथुरा ही प्रिय लगती है।

हौं तो माई, मथुरा ही पै जैहौं।
दासी ह्वै बसुदेव राइ की, दरसन देखत रैहौं॥
राखि-राखि एते दिवसनि मोहि, कहा कियौ तुम्ह नीकौ।
सोऊ तौ अक्रूर गए लै, तनक खिलौना जी को॥
मोहि देखि कैं लोग हँसैंगे, अरु किन कान्ह हँसै।
सूर असीस जाइ दैहौं जनि, न्हातहु बार खसै॥

यशोदा कहती हैं कि हे ब्रजराज! मैं मथुरा जाकर वसुदेव की दासी बन जाऊँगी तथा नित्य-प्रतिदिन अपने कृष्ण के दर्शन करूँगी। इतने दिनों तक मुझे रोककर तुमने कोई भला नहीं किया। मेरे हृदय का जो छोटा सा खिलौना था, उसे भी क्रूर अक्रूर अपने साथ ले गया। मुझे देखकर चाहे मथुरा के लोग हँसें या कृष्ण हँसे; लेकिन वहाँ जाकर मैं यही आशीर्वाद दूँगी कि स्नान करते समय भी मेरे लाल का बाल-बाँका न हो।

मेरे कान्ह, कमल-दल-लोचन।
अब की बेर बहुरि फिरि आवहु, कहा लगे जिय सोचन॥
यह लालसा होति मेरे जिय, बैठी देखत रैहौं।
गाइ चरावन कान्ह कुँवर सौं, बहुरि न कबहूँ कैहौं॥
करत अन्याइ न बरजौं कबहूँ, अरु माखन की चोरी।
अपने जियत नैन भरि देखौं, हरि-हलधर की जोरी॥
दिवस चारि मिलि जाहु साँवरे कहियौ यहै सँदेसौ।
अब की बेर आनि सुख दीजै, सूर मिटाइ अँदेसौ॥

सूरदास के शब्दों में यशोदा कहती हैं कि कमल दल के समान नेत्रोंवाले हे कृष्ण! तुम अपने हृदय में क्या सोच रहे हो? सबकुछ छोड़कर मेरे पास ब्रज में लौट आओ। मेरी इच्छा है कि तुम मेरे पास रहो और मैं तुम्हें एकटक देखती रहूँ। तुम्हें गायें चराने के लिए जाने न दूँ, यहाँ तक कि मक्खन की चोरी करते समय भी न रोकूँ। हे श्यामसुंदर! चार दिन के लिए ही आकर मुझसे मिल

जाओ। इस बार हमें इतना आनंदित कर जाओ कि हमारा सारा दुःख दूर हो जाए।

मेरे कुँवर कान्ह बिन सब कुछ, वैसहिं धर्‌यौ रहै।
कौ उठि प्रात होत लै माखन, को कर नेति गहै॥
सूने भवन जसोदा सुत के, गुन गुनि सूल सहै।
दिन उठि घर घेरत ही ग्वारिन, उरहन कोउ न कहै॥
जो ब्रज में आनंद हुतौ, मुनि मनसाहू न गहै।
सूरदास-स्वामी बिन गोकुल, कौड़ी हू न लहै॥

यशोदा कहती हैं कि मेरे कुँवर कान्हा के बिना सबकुछ वैसा ही रखा हुआ है। अब कौन सुबह उठकर मक्खन लेगा? कौन मेरी मथनी की रस्सी पकड़ेगा? इसी प्रकार यशोदा पुत्र के गुणों को सोच-सोचकर दुःखी हो रही हैं। वह कहती हैं कि पहले सुबह होते ही गोपियाँ उलाहना देने घेर लेती थीं, लेकिन अब कोई उलाहना नहीं देती। कृष्ण के बिना गोकुल एक कौड़ी का भी नहीं रहा।

चलत गुपाल के सब चले।
यह प्रीतम सौं प्रीति निरंतर, रहे न अरध-पले॥
धीरज पहिल करी चलिबे की, जैसी करत भले।
धीर चलत मेरे नैननि देखे, तिहिं छिन आँसु हले॥
आँसु चलत मेरे बलयनि देखे, भए अंग सिथिले॥
मन चलि रह्यौ हुतौ पहलैहीं, चले सबै बिमले।
एक न चले प्रान सूरज-प्रभु, असलेजु साल सले॥

सूरदास के शब्दों में एक गोपी कहती है कि हे सखी! गोपाल के जाते ही सब चले गए। प्रियतम से निरंतर रहनेवाला प्रेम भी एक क्षण न रहा। सबसे पहले धैर्य ने साथ छोड़ा। वह इस प्रकार गया जैसे चतुर लोग प्रस्थान करते हैं। धैर्य को जाते देख नेत्रों से उसी क्षण आँसू बह चले। आँसू के बहने से हाथ-पैर सहित शरीर के समस्त अंग शिथिल हो गए। मन पहले ही चल पड़ा था, शेष भी निर्मल भाव से चले गए। लेकिन स्वामी के जाने के बाद भी प्राण नहीं चला तथा विरह रूपी शूल से निरंतर बेधित हो रहा।

अब तौ ऐसेई दिन मेरे।
सुनि री सखी दोष नहिं काहू, हरि हित-लोचन फेरे॥
मृग-मद मलय कपूर कुमकुमा, ए सब सत्य तचे रे।
मंद पवन, ससि, कुसुम सुकोमल, तेउ देखियत करेरे॥
बन-बन बसत मोर, चातक, पिक, आपुन दिए बसेरे।
अब सोइ बकत जाहि जोइ भावै, बरजे रहत न मेरे॥
जे द्रुम सींचि-सींचि अपने कर, किए बढ़ाइ बड़ेरे।
तेइ सुनि सूर किसल गिरिबर भए, आनि नैन-मग घेरे॥

एक गोपी कहती है कि हे सखी! कान्हा के बिना मेरे दिन अब इसी प्रकार बीतेंगे। इसमें किसी का दोष नहीं है; श्यामसुंदर ने ही मुझसे नेत्र फेर लिये हैं। उनके जाते ही कस्तूरी, चंदन, कपूर और केसर मुझे तप्त कर रहे हैं। मंद वायु, चंद्रमा और कोमल पुष्प भी कठोर से प्रतीत हो रहे हैं। जिन वृक्षों को हमने साथ-साथ सींचा था, उनके कोमल पत्ते भी पर्वत के समान भारी होकर मेरे नेत्रों का मार्ग रोक रहे हैं।

परेखौ कौन बोल कौ कीजै।
ना हरि! जाति न पाँति हमारी, कहा मानि दुख लीजै॥
नाहिन मोर-चंद्रिका माथें, नाहिन उर बनमाल।
नहिं सोभित पुहुपन के भूषन, सुंदर स्याम तमाल॥
नँद-नंदन गोपी-जन-बल्लभ, अब नहिं कान्ह कहावत।
बासुदेव जादव-कुल-दीपक, बंदी जन बरनावत॥
बिसर्‍यौ सुख नातौ गोकुल कौ, और हमारे अंग।
सूर-स्याम वह गई सगाई, वा मुरली के संग॥

एक अन्य गोपी कह रही है कि सखी! तुम किस बात का पश्चात्ताप कर रही हो? श्याम हमारे वंश के नहीं थेए फिर उनके जाने पर हम दुःखी क्यों हों? अब न तो उनके मस्तक पर मोरपंख की चंद्रिका है और न ही हृदय पर वनमाला है। श्याम की देह पर सुंदर पुष्पों के आभूषण भी सुशोभित नहीं हैं। अब वे 'नंद-नंदन' और 'गोपी-जन-वल्लभ' के स्थान पर वासुदेव, यादव कुल के दीपक कहलाते हैं। वे गोकुल का सुख और हमारे साथ के संबंध को भूल गए

हैं। जब से उन्होंने मुरली का त्याग किया है, तभी से उनका और हमारा संबंध छूट गया।

अब कछु औरहि चाल चली।
मदन गुपाल बिना या ब्रज की, सबै बात बदली॥
गृह कंदरा समान सेज भइ, सिंघहु चाहि बली।*
सीतल चंद सु तौ सखि कहियत, तातैं अधिक जली॥
मृगमद मलय कपूर कुमकुमा, सींचति आनि अली।
एक न फुरत बिरह जुर तैं कछु, लागत नाहिं भली॥
अमृत-बेलि सूर के प्रभु बिनु, अब बिष फलनि फली।
हरि-बिधु बिमुख नाहिनै गिसत, मनसा कुमुद-कली॥

गोपी कहती है कि हे सखी! कृष्ण के बिना ब्रज की सारी बात बदल गई है। घर पर्वत की गुफा के समान तथा शय्या सिंह से भी अधिक कठोर एवं पीड़ादायक हो गई है। शीतल कहलानेवाला चंद्रमा तप्त कर रहा है। कस्तूरी, चंदन, कपूर और केसर के लेप से भी मेरे वियोग रूपी ज्वर का कोई उपचार नहीं हो रहा। स्वामी के बिना अमृतलता भी विष भरे फलों से युक्त हो गई है। मन रूपी कुमुदिनी श्यामसुंदर के चंद्र रूपी मुख के बिना अविकसित है।

अब हौं कहा करौं री माई।
नँद-नंदन देखे बिनु सजनी, पल भरि रह्यौ न जाई॥
घर के मात-पिता सब त्रासत, इहिं कुल लाज लजाई।
बाहर के सब लोग हँसत हैं, कान्ह सनेहिनि आई॥
सदा रहत चित चाक-चढ़्यौ-सौ, गृह-अँगना न सुहाई।
सूरदास गिरिधरन लाड़िले, हँसि करि कंठ लगाई॥

गोपी कहती है कि हे सखी! नंदनंदन को देखे बिना मुझे एक पल भी चैन नहीं आ रहा। माता-पिता सहित सभी बंधु-बांधव डाँटते हुए मुझ पर कुल की मर्यादा को नष्ट करने का आरोप लगाते हैं तथा मेरे प्रेम को देखकर हँस रहे हैं। लेकिन कुम्हार के चाक के समान मेरा चित्त निरंतर प्रेम में घूमता रहता है। उसे न तो घर अच्छा लगता है और न ही आँगन; श्याम के प्रेम में मैंने सबकुछ भुला दिया है।

ते गुन बिसरत नाहीं उर तैं।
जे ब्रजनाथ किए सुनि सजनी, सोचि कहति हौं धुर तैं॥
मेघ कोपि ब्रज बरषन आयौ, त्रास भयौ पति सुर तैं।
बिहवल बिकल जानि नँद-नंदन, करज धर्‌यौ गिरि तुरतैं॥
एक समै बन माँझ मनोहर, जाम रैनि रज जुर तैं।
पत्रभंग सुनि संक स्याम घन, सैन दई एक दुरतैं॥
दैत्य महाबल बहुत पठाए, कंस बली मधुपुर तैं।
सूरदास-प्रभु सबै बधे रन, कछु नहिं सर्‌यौ असुर तैं॥

एक अन्य गोपी कहती है कि ब्रजनाथ ने वे सभी उपकार, जो उन्होंने हम पर किए, कभी विस्मृत नहीं होते। क्रोधित होकर इंद्र ने भयंकर वर्षा आरंभ कर दी। किंतु हमारी प्राण-रक्षा के लिए नंद-नंदन ने गोवर्धन पर्वत को नख पर उठा लिया। एक दिन वन में रात के समय भयंकर आँधी चलने लगी। उस समय हमें व्याकुल देखकर श्याम ने पल भर में आँधी को दूर कर दिया। दुष्ट कंस ने अनेक दैत्यों को ब्रज में भेजा, लेकिन हर बार कृष्ण ने उनका संहार कर गोकुल की रक्षा की। कोई भी हमारा अहित नहीं कर सका।

हरि हम सब काहे कौं राखी।
जब सुरपति ब्रज बोरन लीन्हौ, दियौ क्यौं न गिरि नाखी॥
अब लौं हमरी जग मैं चलती, नई-पुरानी साखी।
सो क्यौं झूठी होइ सखी री, गरग कथा जो भाषी॥
तौ हम कौं होती कत यह गति, निसि-दिन बरषति आँखी।
सूरदास यौं भई फिरति ज्यों, मधु-दूहे की माखी॥

सूरदास के शब्दों में गोपियाँ कह रही हैं कि हे श्यामसुंदर! यदि तुम्हें इसी प्रकार हमें छोड़कर जाना था तो हमारी उस समय क्यों रक्षा की, जब इंद्र ब्रज को डुबोने को उद्यत हो गए थे? किंतु हे सखी! गर्ग मुनि ने कहा था कि कृष्ण वासुदेव के पुत्र हैं। यह बात कैसे झूठी हो सकती थी? यदि हम यह पहले जान लेतीं तो हमारी ऐसी दशा नहीं होती। उनके विरह में हमारे नेत्र दिन-रात आँसू न बहाते। उनके बिना हम आश्रयहीन होकर न भटकतीं।

मधुबन तुम्ह क्यौं रहत हरे ?
दुसह बियोग स्यामसुंदर के, ठाढ़े क्यौं न जरे॥
मोहन बेनु बजावत तुम्ह तर, साखा टेकि खरे।
मोहे थावर अरु जड़-जंगम, मुनि-जन ध्यान टरे॥
वह चितवनि तू मन न धरत हैं, फिरि-फिर पुहुप धरे।
सूरदास-प्रभु बिरह-दवानल, नख-सिख लौं न जरे॥

गोपियाँ कह रही हैं कि हे ब्रज के वन! कृष्ण के बिना तुम हरे कैसे हो? श्यामसुंदर के वियोग में खड़े-खड़े भस्म क्यों नहीं हो गए? मोहन तुम्हारे नीचे खड़े होकर ही वंशी बजाते थे, जिससे स्थिर रहनेवाले वृक्षादि मुग्ध हो जाते थे, गतिशील प्राणी जड़वत् हो जाते थे तथा मुनिजन ध्यान से विचलित हो जाते थे। अब तुम उस चितवन को याद किए बिना ही बार-बार पुष्पित होते हो। हमारे स्वामी के वियोग रूपी अग्नि में तुम भस्म क्यों नहीं हो गए?

कब देखौं इहिं भाँति कन्हाई।
मोरन के चँदवा माथे पै, कंध कामरी-लकुट सुहाई॥
बासर के बीते सुरभिन सँग, आवत एक महाछबि पाई।
कान अँगुरिया घालि निकट पुर, मोहन राग अहीरी गाई॥
क्यौंहुँ न रहत प्रान दरसन बिन, अब कित जतन करै री माई।
सूरदास-स्वामी नहिं आए, बदि जु गए अवध्यौहुँ भराई॥

एक गोपी कहती है कि हे सखी! मस्तक पर मयूर-पंख की चंद्रिका, कंधे पर कंबल और हाथ में छड़ी—श्यामसुंदर के इस सलोने स्वरूप को मैं कब पुनः देखूँगी? कब वे संध्या समय गायों के साथ सुशोभित होंगे, कानों में उँगली डालकर अहीरी राग गा रहे होंगे? सखी! मैंने लाख प्रयत्न किए, किंतु फिर भी उनके दर्शन किए बिना मेरे प्राणों को चैन नहीं आएगा। स्वामी ने लौटने की जो अवधि निश्चित की थी, वह भी पूर्ण हो गई। लेकिन वे अभी तक नहीं आए।

स्याम सिधारे कौने देस।
तिन कौ कठिन करेजौ सखि री, जिन कौ पिय परदेस॥
उन्ह माधौ कछु भली न कीन्ही, कौन तजन कौ बैस।
छिन भरि प्रान रहत नहिं उन्ह बिन, निसि-दिन अधिक अँदेस॥

अतिहिं निठुर पतियाँ नहिं पठईं, काहू हाथ सँदेस।
सूरदास-प्रभु यह उपजत है, धरिऐ जोगिन-बेस॥

सूरदास के शब्दों में गोपी कह रही है कि सखी! न जाने श्याम किस देश में चले गए हैं? जिनके प्रियतम परदेस में होते हैं, उनका हृदय बड़ा कठोर होता है। हमें त्यागकर माधव ने अच्छा कार्य नहीं किया है। उनके बिना हमारे प्राण एक पल भी चैन नहीं पाते। दिन-रात चिंता घेरे रहती है। कितने निष्ठुर हैं वे, जो न स्वयं आए और न ही कोई संदेश भेजा। मन करता है कि उनके वियोग में मैं योगिनी का वेश धारण कर लूँ।

फिरि ब्रज आइऐ गोपाल।
नंद-नृपति-कुमार कहिहैं, अब न कहिहैं ग्वाल॥
मुरलिका-धुनि सप्त दिसि-दिसि, चलौ निसान बजाइ।
दिगबिजय कौं जुवति-मंडल-भूप परिहैं पाइ॥
सुरभि सखा सु सैन भट सँग, उठैगी खुर-रैन।
आतपत्र मयूर चंद्रिका, लसत है रवि-ऐन॥
मधुप बंदी जन सुजस कहि, मदन आयसु पाइ।
द्रुम-लता-बन कुसुम बानक बसन-कुटी बनाइ॥
सकल खग-मृग पैक पायक, पौरिया, प्रतिहार।
सूर-प्रभु ब्रज राज कीजै, आइ अब की बार॥

गोपी श्रीकृष्ण से विनती करती हुई कहती है कि हे गोपाल! आप फिर से ब्रज लौट आओ। हम तुम्हें गोप नहीं, नंदजी का कुमार कहेंगी। तुम सातों स्वरों से युक्त वंशी को दसों दिशाओं में बजाते चलो; क्योंकि ब्रज युवतियों का मंडल रूपी राजाओं का समुदाय तुम्हारे पैर पड़ेगा; गायों और सखाओं के रूप में श्रेष्ठ योद्धा तुम्हारे साथ होंगे; घोड़ों के खुरों से उड़नेवाली धूल गायों के खुरों से उड़ेगी। मोरपंख की चंद्रिका छत्र रूप में तुम्हारे मस्तक पर सुशोभित होगी। भौंरे तुम्हारा यश गान करेंगे, कामदेव वन की लताओं को पुष्पों से सजाकर तुम्हारे लिए भवन बना देगा। पशु-पक्षी उस भवन के द्वारपाल और सेवक होंगे। हे स्वामी! लौट आओ और ब्रज पर राज्य करो।

हरि-से पीतम क्यौं बिसराहिं।
मिलन दूरि मन बसत चंद पै, चित चकोर पछताहिं॥

जल में रहैं जलहि तैं उपजैं, बिन जलहीं कुम्हिलाहिं।
जल तजि हंस चुगै मुकताहल, मीन कहाँ उड़ि जाहिं॥
सोइ गोकुल गोबरधन सोई, कौन करै अब छाँहिं।
प्रगट न प्रीति करै परदेसी, सुख किहिं देस बसाहिं॥
धरनी दुखित देखि बादर अति, बरषा-रित बरषाहिं।
सूरदास-प्रभु तुम्ह दरसन बिनु, दुख क्यौं हृदै समाहिं॥

हे सखी! श्यामसुंदर जैसे प्रियतम को भला कौन भुला सकता है! चाहे चंद्रमा कितना भी दूर क्यों न हो, चकोर उसी से प्रेम करता है; फिर भी न मिलने के कारण मन-ही-मन पछताया करता है। मछलियाँ और हंस जल में रहते हैं, जल में ही उत्पन्न होते हैं और जल में ही मिल जाते हैं। फिर भी हंस जल को त्यागकर मोती चुग लेता है, परंतु मछली जल छोड़कर कहाँ जाए? अर्थात् गोकुल सरोवर के समान, श्रीकृष्ण हंस के समान तथा गोपियाँ मछलियों के समान हैं। कृष्ण रूपी हंस गोकुल रूपी सरोवर का त्याग कर चला गया है; जबकि गोपियाँ मछलियों के समान गोकुल में ही पड़ी हुई हैं। गोपियाँ कहती हैं कि हे स्वामी! बादल भी केवल पृथ्वी को दुःखी देखकर ही वर्षा करते हैं। फिर आपके दर्शन किए बिना हमारा दुःख कैसे कम हो सकता है?

तब तैं नैन अनाथ भए।
जब तैं मदन-गुपाल हमारे, ब्रज तजि अनत गए॥
ता दिन तैं पावस दल साजत, जुद्ध-निसान हए।
सुभट मोर सायक मुख मोचत, दिन दुख देत नए॥
यह सुनि-सोचि काम अबलनि के, तन-गढ़ आनि लए।
सूरदास जिन्ह दए संग सुख, तिन्ह मिलि बैर ठए॥

जब से मदनमोहन ब्रज को छोड़कर मथुरा चले गए हैं, तब से मेरे नेत्र अनाथ हो गए हैं। उसी दिन से वर्षा ऋतु युद्ध के नगाड़े बजा रही है और उसके मयूर रूपी योद्धा वाणी रूपी बाणों से दिन-प्रतिदिन हमें नए-नए दुःख दे रहे हैं। कामदेव ने भी हमारी दुर्दशा देखकर हमारे शरीर रूपी किले पर अधिकार कर लिया है। श्याम के रहने पर जो हमें सुख देते थे, श्याम के जाते ही उन्होंने हमारे साथ शत्रुता कर ली।

अँखियाँ करति हैं अति आरि।
सुंदर-स्याम पाहुने के मिस, मिलि न जाहु दिन चारि॥
बाहँ थकी बायसहि उड़ावत, कब देखौं उनहारि।
मैं तौ स्याम-स्याम करि टेरति, कालिंदी कँगरारि॥
कमल-बदन ऊपर द्वै खंजन, मानौ बूड़त बारि।
सूरदास प्रभु तुम्हरे दरस बिन, सकैं न पंख पसारि॥

सूरदास के शब्दों में एक गोपी कहती है कि हे श्यामसुंदर! तुम्हारे दर्शन के लिए मेरे नेत्र अत्यंत हठ कर रहे हैं। अतः इन्हें तृप्त करने के लिए अतिथि बनकर ही आ जाओ। तुम्हारे आगमन का शगुन जानने के लिए कौओं को उड़ाते-उड़ाते मेरी बाँहें दुखने लगी हैं। न जाने अब कब मैं तुम्हारे मनोहर रूप को पुनः देख पाऊँगी। यमुना के किनारे मैं 'श्याम-श्याम' पुकारती रहती हूँ; कमल रूपी मेरे मुख पर नेत्र रूपी खंजन इस प्रकार भीग रहे हैं मानो जल में डूब रहे हों। हे स्वामी! तुम्हारे दर्शन किए बिना ये पंख भी नहीं फैला सकते। अतः दर्शन देकर इनका उद्धार करो।

नैना अब लागे पछतान।
बिछुरत उमँगि नीर भरि आए, अब न कछू औसान॥
तब मिलि-मिलि कत प्रीति बढ़ावत, अब जु भई बिष-बान।
तब तौ प्रीति करी आतुर ह्वै, समझीं कछु न अजान॥
अब यह काम दहत निसि-बासर, नाहीं मेरे मान।
भयौ बिदेस मधुपुरी हम कौं, क्यौं हूँ होत न जान॥
अति चटपटी देखिबे चाहत, अब लागे अकुलान।
सूरदास प्रभु दीन-दुखित ये, लै न गए सँग प्रान॥

हे सखी! मेरे नेत्र पश्चात्ताप करते हुए आँसू बहा रहे हैं। वियोग के कारण इनमें अथाह जल उमड़ आया है तथा इन्हें कोई होश नहीं रहा। जब श्याम ब्रज में थे, तब ये उनसे निरंतर प्रेम बढ़ाते थे। लेकिन वही प्रेम इनके लिए अब विष-युक्त बाण हो गया। उस समय बिना परिणाम की चिंता किए इन अज्ञानियों ने भरपूर प्रेम किया; परंतु अब प्रेम दिन-रात इन्हें जला रहा है और इन्हें रोकना किसी के वश में नहीं है। मथुरा हमारे लिए परदेस के समान

हो गई है, जहाँ जाना हमारे लिए संभव नहीं। पहले ये नेत्र उन्हें देखने के लिए आतुर रहते थे, अब उनके बिना व्याकुल हैं। हे स्वामी! आपके दर्शन के लिए मेरे नेत्र अत्यंत दुःखी हैं। आप प्राणों सहित इन्हें भी अपने साथ क्यों नहीं ले गए?

कहा इन्ह नैननि कौ अपराध।
रसना रटत सुनत जस स्वननि, इतनौ अगम अगाध॥
भोजन कहें भूख क्यौं भाजत, बिनु खाऐं का स्वाद।
इकटक रहत छुटत नहिं कबहूँ, हरि देखन की साध॥
ये दृग दुखी बिना यह मूरति, कहौ कहा अब कीजै।
एक बेर ब्रज आनि कृपा करि, सूर सुदरसन दीजै॥

हे सखी! मेरे नेत्रों का क्या अपराध है, जो इन्हें मोहन के दर्शन से वंचित रहना पड़ा? जीभ उनका ही नाम लेती है, कान उनके यश का गान सुनते हैं, तो क्या यह इतना अगम्य अपराध है? जिस प्रकार भोजन का नाम लेने मात्र से भूख दूर नहीं होती और उसे खाए बिना उसका स्वाद नहीं जाना जा सकता, उसी प्रकार श्याम को देखे बिना मेरे नेत्रों की लालसा दूर नहीं होगी। वे एकटक उनका मार्ग देख रहे हैं। हे श्यामसुंदर! तुम्हारे बिना मेरे नेत्र अत्यंत दुःखी हैं। एक बार ब्रज लौट आओ और इन्हें दर्शन देकर तृप्त करो।

देखि सखी, उत है वह गाउँ।
जहाँ बसत नँदलाल हमारे, मोहन मथुरा नाउँ॥
कालिंदी के कूल रहत हैं, परम मनोहर ठाउँ।
जौ तन पंख होहिं सुन सजनी, अबै उहाँ उड़ि जाउँ॥
होनी होइ होइ सो अबहीं, इहिं ब्रज अन्न न खाउँ।
सूर नंद-नंदन सौं हित करि लोगन कहा डराउँ॥

सूरदास के शब्दों में एक गोपी कहती है कि हे सखी! वहाँ मथुरा नाम का वह नगर है, जहाँ हमारे नंदलाल रहते हैं। वहाँ वे यमुना के किनारे परम सुंदर स्थान में रहते हैं। सखी! यदि मेरे पंख होते तो मैं अभी उड़कर उनके पास चली जाती। अब जो होना है, हो जाए, परंतु उनके बिना ब्रज में अन्न नहीं खाऊँगी। नंद-नंदन से प्रेम करके मैं दूसरे लोगों से क्यों डरूँ?

इतनी दूरि गोपालहि माई, नहिं कबहूँ मिलि आई।
कहिऐ कहा दोष किहिं दीजै, अपनी ही जड़ताई॥
सोवत मैं सपनें सुनि सजनी, ज्यौं निधनीं निधि पाई।
गनतै आनि अचानक कोकिल उपबन बोलि जगाई॥
जौ जागौं तौ कहा उठि देखौं, बिकल भई अधिकाई।
नूतन किसलै-कुसुम दसौं दिसि मधुकर मदन-दुहाई॥
बिछुरत तन न तज्यौ तेही छिन, सँग न गई हठि माई।
समुझि न परी सूर तिहिं औसर, कीन्ही प्रीति हँसाई॥

हे सखी! गोपाल से इतनी-सी दूरी होने पर भी मैं उनसे मिलकर नहीं आई। इसके लिए किसे दोष दिया जाए? यह मेरी ही मूर्खता है। सखी! सोते समय मैंने श्याम रूपी अमूल्य धन प्राप्त किया। मैं अभी उसे गिन हीं रही थी कि सहसा उपवन में दुष्ट कोकिल ने मुझे जगा दिया। जागते ही मैं व्याकुल हो उठी तथा कामदेव का विजय घोष भौंरों एवं पुष्पों ने पल भर में फैला दिया। मोहन से अलग होते ही मैंने प्राण नहीं त्यागे और न ही उनके साथ गई। उस समय मैंने ऐसी दशा की कल्पना भी नहीं की थी। लेकिन आप मिथ्या प्रेम प्रकट कर रही हैं।

जौ जागौं तौ कोऊ नाहीं, अंत लगी पछितान।
जानौं साँच मिले मनमोहन, भूली या अभिमान॥
नींदहि में मुरझाइ रही हौं, प्रथम पंच-संधान।
अब उर-अंतर, मेरी माई, सपन छुटे छल-बान॥
सूर सकति जैसैं लछिमन-तन बिह्वल ह्वै मुरझान।
ल्याउ सजीवन मूरि स्याम कौं, तौ रहिहैं ये प्रान॥

सूरदास के शब्दों में एक गोपी कहती है कि नींद से जागने पर मैंने देखा कि वहाँ कोई नहीं है। अंत में मैं पश्चात्ताप करने लगी। मैंने समझा कि श्याम मुझे मिल गए हैं और इसी अभिमान में सबकुछ भूलकर कामदेव के अधीन हो गई। परंतु जागने पर मैं समझ गई कि वह स्वप्न छल से मारे गए बाण से भी अधिक पीड़ादायक था। जिस प्रकार मेघनाद द्वारा छोड़ी गई शक्ति से लक्ष्मण विह्वल हो गए थे, उसी प्रकार मेरा शरीर व्याकुल होकर मूर्च्छित-सा हो गया। अब श्याम रूपी संजीवनी बूटी से ही मेरी प्राण-रक्षा होगी।

सुनौ सखी, ते धन्य नारि।
जे आपने प्रान-बल्लभ की, सपनेहूँ देखति अनुहारि॥
कहा करौं री चलत स्याम के, पहिलेहि नींद गई दिन चारि।
देखि सखी! कछु कहत न आवै, झीखि रही अपमाननि मारि॥
जा दिन तैं नैननि अंतर भए, अनुदिन अति बाढ़त है बारि।
मनौं सूर दोउ सुभग सरोवर उमँगि चले मरजादा टारि॥

हे सखी! वे स्त्रियाँ धन्य हैं, जो स्वप्न में भी श्रीश्यामसुंदर की मूर्ति देखती हैं। परंतु मैं क्या करूँ? श्याम के जाने से चार दिन पूर्व ही मेरी निद्रा चली गई। अब कुछ कहते नहीं बनता; दिन-रात अपमान के कारण मन में कुढ़ती रहती हूँ। जिस दिन से मोहन आँखों से ओझल हुए हैं, उसी दिन से नेत्रों का जल इस प्रकार निरंतर बढ़ रहा है मानो दो सुंदर सरोवर अपनी मर्यादा तोड़कर उमड़ रहे हों।

मोकौं माई, जमुना जम ह्वै रही।
कैसे मिलौं स्यामसुंदर कौं, बैरिन बीच बही॥
कितक बीच मथुरा औ गोकुल, आवत हरि जु नहीं।
हम अबला कछु मरम न जान्यौ, चलत न फेंट गही॥
अब पछितात प्रान दुःख पावत, जाति न बात कही।
सूरदास-प्रभु सुमरि-सुमरि गुन, दिन-दिन सूल सही॥

सखी! मुझे यमुना यमराज के समान प्रतीत हो रही है। यह शत्रु बनकर ब्रज और मथुरा के बीच बह रही है; मैं श्याम से किस प्रकार मिलूँ? मथुरा और गोकुल में तनिक भी दूरी नहीं है, फिर भी श्याम यहाँ नहीं आते। हमें उनके जाने का रहस्य ज्ञात नहीं था, इसलिए जाते समय हमने उनका मार्ग नहीं रोका। अब हम पश्चात्ताप करते हुए दुःख भोग रहे हैं तथा दिन-रात स्वामी के गुणों का स्मरण कर वेदना सह रही हैं।

बहुरौ गोपाल मिलैं, सुख सनेह कीजै।
नैनन-मग निरखि बदन, सोभा-रस पीजै॥
मदन-मोहन हिरदैं धरि, आसन उर दीजै।
परैं न पलक आँखिनि की, देखि-देखि जीजै॥

मान छाँड़ि प्रेम-भजन, अपनौ करि लीजै।
सूर सोइ सुहागि नारि, जासौं मन भींजै॥

गोपी कहती है कि हे सखी! यदि गोपाल पुनः मिल जाएँ तो हम उनसे प्रेम करते हुए निरंतर उनके मुख को निहारेंगी और उनकी शोभा का रस पिया करेंगी। मदनमोहन को हृदय में स्थान देकर तथा एकटक उन्हें देख-देखकर जीवित रहेंगी। मान को छोड़कर प्रेमपूर्वक भजन द्वारा उन्हें अपना बना लेंगी। जिस स्त्री के प्रति उनका चित्त स्नेह-युक्त हो, वही स्त्री संसार में सौभाग्यवती है।

कमल-नैन अपने गुन, मन हमार बाँध्यौ।
लागत तौ जान्यौ नहिं, बिषम बान साध्यौ॥
कठिन पीर बेध्यौ सर, मारि गयौ माई।
लागत तौ जान्यौ नहिं, अब न सह्यौ जाई॥
मंत्र-तंत्र केतिक करौ, पीर नाहिं जाई।
है कोउ उपचार करै, कठिन दरद माई॥
कैसैंहु नँदलाल पाउँ नैंक, मिलौं धाई।
सूरदास प्रेम-फंद तोर्‌यौ नहिं जाई॥

हे सखी! श्यामसुंदर ने अपने गुणों की डोरी से हमारे हृदय को बाँध लिया है। उन्होंने प्रेम का जो कठोर बाण चलाया, उसे हम समझ नहीं सकीं। किंतु वे बाण से बेधकर चले गए और हम असह्य पीड़ा भोग रही हैं। उस समय बाण लगते समय हम अनभिज्ञ थीं, परंतु अब उसकी पीड़ा असहनीय है। सखी! कोई ऐसा नहीं है, जो इस पीड़ा का उपचार कर सके। यदि थोड़ी देर के लिए नंदलाल मिल जाएँ तो मैं दौड़कर उनके गले लग जाऊँ। केवल वे ही मेरी पीड़ा की एकमात्र दवा हैं।

बिछुरन जनि काहू सौं होइ।
बिछुरन भयौ राम-सीता कौ, क्रम छत देखे धोइ॥
बिछुरन भयौ मीन अरु जल कौ, तलफि-तलफि तन खोइ।
बिछुरन भयौ चकवा अरु चकई, रैन गँवाई रोइ॥
रुदन करत बैठी बन महियाँ, बात न बूझत कोइ।
सूरदास-स्वामी कौ बिछुरन, बनत उपाइ न कोइ॥

एक गोपी व्यथित होकर कहती है कि हे सखी! कभी किसी का अपने प्रियतम से वियोग न हो। श्रीराम एवं सीता का वियोग हुआ और उसका घाव धोने पर भी कोई परिणाम नहीं निकला। उनका मिलन नहीं हुआ और अंत में सीता पृथ्वी में समा गईं। मछली का पानी से वियोग होते ही वह तड़पकर प्राण गँवा देती है; चकोर-चकोरी का वियोग उन्हें रोते हुए सारी रात बिताने के लिए विवश कर देता है। श्यामसुंदर के वियोग में रोती हुई हम भी ब्रज में बैठी हुई हैं और कोई हमारी बात नहीं सुनता। स्वामी से वियोग हो जाने के बाद उनसे मिलन का कोई मार्ग नहीं मिलता।

दिन-ही-दिन को सहै बियोग।
यह सरीर नाहिन मेरौ सखि! इते बिरह-जुर-जोग॥
रचि स्त्रक कुसुम, सुगंध सेज सजि, बसन कुंकुमा बोरि।
नलिनी-दलनि दूरि करि उर तैं, कंचुकि के बँद छोरि॥
बन-बन जाइ मोर, चातक, पिक, मधुपनि टेरि सुनाइ।
उदित चंद चंदन चढ़ाइ उर, त्रिबिध समीर बहाइ॥
रटि मुख नाम स्यामसुंदर कौ, तोहि सुनाइ-सुनाइ।
तो देखत तन होमि मदन-मख, मिलौं माधवहिं जाइ॥
सूरदास स्वामी कृपालु भए, जानि जुबति-रस-रीति।
तिहि छिन प्रगट भए मनमोहन, सुमरि पुरातन प्रीति॥

श्रीराधा अपने हृदय के दुःख को प्रकट करते हुए कहती हैं कि सखी! दिन-प्रतिदिन वियोग का दुःख सहना असहनीय है। मेरा शरीर वियोग रूपी ज्वर को सहने के योग्य नहीं है। पुष्प-माला बनाकर, शय्या सजाकर तथा वस्त्रों को कुंकुम में डुबोकर दुःख मत दे। हृदय से कमल-दल दूर कर दो और चोली के बंधन खोल दो। पपीहों, मयूरों और कोयलों को शोर मचाने से रोक दो। मैं बार-बार श्यामसुंदर का नाम रटते हुए काम रूपी यज्ञ में शरीर को जलाकर माधव से जा मिलूँगी। इस प्रकार उनके प्रेम को देखकर सूरदास के स्वामी कृपालु हो गए और पुराने प्रेम का स्मरण कर प्रकट हो गए।

बोलि सखी! चातक, पिक, मधुकर अरु मोर।
दिन-ही-दिन कौन सहै बिरह-बिथा घोर॥

सजि सुगंध सुमन सेज, ससि सौं कहि जाइ।
जैसे यह बीर कर्म, देखैं सब आइ॥
लाउ मलय-मारुत अरु रितु बसंत संग।
पूजौं सखि! कमल-नैन सनमुख रति-रंग॥
नलिनी-दल दूरि करै, मृग-मद कौ पंक।
अब जनि तन राखि लेउँ, मनसिज-सर-संक॥
सूरदास-प्रभु कृपालु, कोमल चित-गात।
ताही छिन प्रगट भए, सुनत प्रिया बात॥

श्रीराधा कहती हैं कि दिन-प्रतिदिन वियोग की पीड़ा कौन सहे? अत: हे सखी! चातक, कोयल, पपीहे और भौंरों को बुला लो। सुगंधित पुष्पों से शय्या सजाकर चंद्रमा से कह दे, जिससे सभी मेरे शरीर-त्याग का दृश्य देखें। हे सखी! आज मैं श्यामसुंदर के समक्ष देह त्यागकर उनकी पूजा करूँगी। मेरे हृदय से कमल-दल की माला तथा कस्तूरी का लेप हटा दो, अब मदन के बाणों की चिता पर स्थिर बैठकर इस शरीर का त्याग करूँगी। सूरदास के स्वामी कृपामय हैं, शरीर और मन से अत्यंत कोमल हैं। अपने प्रियतम का निश्चय देखकर वे उसी क्षण प्रकट हो गए।

ब्रज पै बदरा आए गाजन।
मधुबन कोप ठए सुनि सजनी, फौज मदन लग्यौ साजन॥
ग्रीवा रंध्र नैन चातक जल, पिक-मुख बाजे बाजन।
चहुँ दिसि तैं तन बिरहा घेर्‌यौ, कैसैं पावत भाजन॥
कहियत हुते स्याम पर-पीरक, आए संकट काजन।
सूरदास श्रीपति की महिमा, मथुरा लागे राजन॥

सूरदास के शब्दों में गोपी कहती है कि हे सखी! ब्रज में बादल आकर गरज रहे हैं; श्यामसुंदर के मथुरा-निवास की बात सुनकर कामदेव सेना सजा रहा है। कंठ और नेत्रों के छिद्रों से जल-वर्षा हो रही है, पपीहे और कोयल मधुर वाणी द्वारा उसके विजय-वाद्य बजा रहे हैं; शरीर को चारों ओर से वियोग ने घेर लिया है। अत: हमारा बचना कठिन हो गया है। हे श्यामसुंदर! आप दूसरों की पीड़ा को समझनेवाले हैं; विपत्ति में आपने सदा हमारी रक्षा की है। लेकिन अब आप हमें त्यागकर मथुरा में सुशोभित हो रहे हैं।

सखी री, पावस-सैन पलान्यौ।
पायौ बीच इंद्र अभिमानी, सुनौ गोकुल जान्यौ॥
दसहूँ दिसा सधूम देखियत, कंपति है अति देह।
मनौ चलत चतुरंग चमू नभ बाढ़ी है खुर-खेह॥
बोलत मोर सैल-द्रुम चढ़ि-चढ़ि, बग जु उड़त तरु डारैं।
मनु सहिया फरहरा फिरावत, भाजन कहत पुकारैं॥
गरजत गगन गयंद गुंजरत, दल दादुर दलकार।
सूर स्याम अपने या ब्रज की, लागत क्यौं न गुहार॥

हे सखी! वर्षा ऋतु की सेना ने ब्रज पर आक्रमण कर दिया है। इंद्र ने श्यामसुंदर की अनुपस्थिति में ब्रज को घेर लिया है। धुएँ से भरी दसों दिशाएँ ऐसी प्रतीत होती हैं मानो इंद्र की चतुरंगिणी सेना के चलने से उड़नेवाली धूल आकाश में छा गई हो। उसके भय से हम काँप रही हैं। वृक्षों और पर्वतों पर चढ़कर कोयल, मयूर और पपीहे बोल रहे हैं; आकाश में मेघ रूपी हाथी गर्जन कर रहे हैं तथा मेढकों का समूह कोलाहल कर रहा है। ऐसी दशा में हे श्याम! आप ब्रज की रक्षा करने क्यों नहीं आते?

बहुरि हरि आवहिंगे किहि काम।
रितु बसंत अरु ग्रीषम बीते, बादर आए स्याम॥
छिन मंदिर छिन द्वारें ठाढ़ी, यौं सूखति हैं घाम।
तारे गनत गगन के सजनी! बीतैं चारौ जाम॥
औरौ कथा सबै बिसराई, लेत तुम्हारौ नाम।
सूर स्याम ता दिन तैं बिछुरे, अस्थि रहे कै चाम॥

गोपी कहती है कि हे सखी! वसंत और ग्रीष्म ऋतु बीत गई है तथा काले मेघ आ गए हैं। मैं क्षण में घर और क्षण में द्वार पर खड़ी धूप में सूख रही हूँ तथा रात्रि के समय तारे गिनते हुए चारों प्रहर बीत रहे हैं। हे श्याम! तुम्हारे नाम को रटते हुए हमने अन्य सभी बातें भुला दी हैं। हे मोहन! जब से तुम्हारा वियोग मिला है, तभी से मेरा शरीर हड्डियों और चमड़े का ढेर मात्र रह गया है।

अब ब्रज नाहिंन नंद-कुमार।
इहै जानि अजान मघवा, करी गोकुल आर॥

नैन जलद निमेष दामिनि, आँसु बरषत धार।
दरस रबि-ससि दुर्‌यौ धीरज, स्वास पवन अकार॥
उरज गिरि में भरत भारी, असम काम अपार।
गरज बिकल बियोग बानी, रहति अवधि अधार॥
पथिक! हरि सौं जाइ मथुरा, कहौ बात बिचार।
सत्रु-सेन सुधाम घेर्‌यौ, सूर लगौ गुहार॥

सूरदास के शब्दों में एक अन्य गोपी कहती है कि श्यामसुंदर को ब्रज में न देखकर अज्ञानी इंद्र ने गोकुल पर चढ़ाई कर दी है। अब मेरे ये नेत्र ही बादल बन गए हैं; पलक विद्युत् के समान गिरती है तथा आँसू वर्षा के समान बह रहे हैं, जिससे मोहन का दर्शन और धैर्य रूपी सूर्य व चंद्र छिप गए हैं, श्वास वायु के समान चल रही है तथा वक्षस्थल रूपी पर्वत में कामदेव भारी विषमता भर रहा है। ऐसी अवस्था में मैं श्यामसुंदर के लौटने की प्रतीक्षा मात्र में जी रही हूँ। हे पथिक! मथुरा जाकर मेरे श्याम को इंद्र की धृष्टता के बारे में बताना। अब हमारी पुकार सुनकर वे ही हमारे सहायक होंगे।

चातक न होइ, कोउ बिरहिनि नारि।
अजहूँ पिय-पिय रजनि सुरति करि, झूठेंही मुख माँगत बारि॥
अति कृस गात देखि सखि याकौ, अह-निसि बानी रटत पुकारि।
देखौ प्रीति बापुरै पसु की, आन जनम मानत नहिं हारि॥
अब पति बिनु ऐसौ लागत है, ज्यौं सरबर सोभित बिनु बारि।
त्यौं ही सूर जानिऐ गोपी, जौ न कृपा करि मिलहु मुरारि॥

गोपी कहती है कि हे सखी! यह पपीहे के रूप में कोई वियोगिनी स्त्री है, जो अपने प्रियतम का स्मरण करते हुए प्रेम रूपी वर्षा का जल माँग रही है। हे सखी! इसके दुर्बल शरीर को देखो, फिर भी यह दिन-रात प्रियतम को पुकार रही है। इसका प्रेम इतना गहरा है कि दूसरे जन्म में भी यह हार नहीं मानता। पति के बिना यह ऐसी लगती है मानो जल के बिना सरोवर शोभा-रहित दिखाई पड़ता हो। हे श्यामसुंदर! यदि आप शीघ्र आकर नहीं मिले तो यही दशा गोपियों की भी होगी; हम भी जन्म-जन्म तक तुम्हारा नाम रटती रहेंगी।

गोबिंद बिनु कौन हरै नैनन की जरनि।
सरद-निसा अनल भई, चंद भयौ तरनि॥
तन में संताप भयौ, दुर्‌यौ अनंद घरनि।
प्रेम-पुलक बार-बार, अँसुअन की ढरनि॥
वे दिन जो सुरति करौं, पाइन की परनि।
सूर स्याम क्यौं बिसारि, लीला बन करनि॥

हे सखी! गोविंद के बिना हमारे नयनों की जलन कौन दूर करेगा? हमारे लिए शरद की रात्रि अग्नि के समान बन गई है तथा चंद्रमा सूर्य के समान गरम हो गया है। संताप उत्पन्न होने के कारण घरों का आनंद नष्ट हो गया है। फिर भी, आपके प्रेम के कारण बार-बार रोमांच होता है तथा आँसू बहने लगते हैं। मुझे वही दिन याद आते हैं जब मोहन हमें मनाते थे। लेकिन अब श्यामसुंदर ने वन में लीलाएँ करने की सुधि विस्मृत कर दी।

मुरली कौन बजावै आज।
वे अक्रूर क्रूर करनी करि, लै जु गए ब्रजराज॥
कंस, केसि, मुष्टिक संहार्‌यौ, कियौ सुरन कौ काज।
उग्रसेन राजा करि थापे, सबहिन के सिरताज॥
कृष्नहि छाँड़ि नंद गृह आए, क्यौंऽब जिऐं उन बाज।
सूरज-प्रभु बिष-मूरि खाइहैं, यहै हमारौ साज॥

गोपी कहती है कि हे सखी! अब वंशी कौन बजाएगा? क्रूर न होते हुए भी अक्रूर क्रूर कर्म करके श्यामसुंदर को अपने साथ ले गए। मथुरा में श्रीकृष्ण ने कंस, केशी तथा मुष्टिक का वध कर देवताओं का कार्य संपन्न किया, उग्रसेन को मथुरा का राजा बनाया। नंद भी श्रीकृष्ण को छोड़कर ब्रज लौट आए। परंतु हम उनके बिना किस तरह जीवित रहें? हमारे लिए यही उचित है कि स्वामी के वियोग में हम कोई विषैली बूटी खा लें।

हर कौ तिलक हरि बिनु दहत।
वै कहियत उडुराज अमृत-मय, तजि सुभाव सो मोहि निबहत॥
कत रथ थकित भयौ पच्छिम दिसि, राहु गहन लौं मोहि गहत।
छपौ न छीन होत सुनि सजनी! भूमि-भवन-रिपु कहाँ रहत॥

सीतल सिंधु जनम जा केरौ, तरनि-तेज होइ कह धौं चहत।
सूरदास-प्रभु तुम्हरे मिलन बिनु, प्रान तजतिं यह नाहिं सहत॥

हे सखी! हरि के बिना शंकर का तिलक अर्थात् चंद्रमा मुझे जला रहा है। यद्यपि इसे शीतल कहा जाता है, लेकिन यह मेरे साथ अग्नि के समान व्यवहार कर रहा है। हे सखी! इसका रथ पश्चिम में क्यों रुक गया है? जिस प्रकार राहु इसे ग्रस लेता है, उसी प्रकार यह मुझे अपना ग्रास बना लेना चाहता है। सखी! न तो रात्रि व्यतीत हो रही है और न ही मुर्गा बोलकर प्रात: होने का संकेत दे रहा है। शीतल समुद्र से उत्पन्न होने पर भी चंद्रमा सूर्य के समान तेजवान् होकर न जाने क्या करना चाहता है। हे स्वामी! दर्शन देकर मुझपर कृपा करो। अन्यथा मैं प्राण त्याग दूँगी।

सखि री, बिरह यह बिपरीति।
बिरहिनी ब्रज-बास क्यौं करैं, पावसहि परतीति॥
नित्य नवला साजि नव-सत, अरु सु भावक राखि।
नाहिं जान्यौ नृपति प्रानन-पति, कहा रुचि आँखि॥
सूरदास गुपाल की अब अवधि गई बितीति।
बहुरि कब वह देखिबौ मुख, यह तुम्हारी नीति॥

सूरदास के शब्दों में गोपी कह रही है कि सखी! वियोग की घड़ी बड़ी विपरीत है। वर्षा ऋतु में श्याम के आगमन की बात पर विश्वास कर हम वियोगिनियाँ ब्रज में कैसे निवास करें? नवयुवतियाँ नित्य-प्रतिदिन स्वयं को सोलह श्रृंगार से सजाकर रखती हैं, क्योंकि वे नहीं जानतीं कि उनके प्रियतम के नेत्रों को क्या प्रिय लगे। गोपाल के लौटने की अवधि भी निकल चुकी है, फिर हम कब उसके मुख को देखेंगी? हे श्याम! तुम्हारी यह नीति उचित नहीं है।

हरि! परदेस बहुत दिन लाए।
कारी घटा देखि बादर की, नैन नीर भरि आए॥
बीर बटाऊ! पंथी हौ तुम्ह कौन देस तैं आए।
यह पाती हमरी लै दीजौ, जहाँ साँवरै छाए॥
दादुर-मोर-पपीहा बोलत, सोवत मदन जगाए।
सूर स्याम गोकुल तैं बिछुरे, आपन भए पराए॥

एक गोपी अपने मन के भावों को पत्र में लिखते हुए कहती है कि हे श्याम! परदेस में गए हुए आपको बहुत दिन हो गए। यहाँ बादलों की काली घटाएँ देखकर मेरे नेत्रों में आँसू भर आए हैं। फिर गोपी ने यह पत्र पथिक को देते हुए कहा कि हे पथिक! तुम किस देश से आए हो? तुम यह पत्र ले जाकर श्यामसुंदर को देना और कहना कि यहाँ मेढक, मोर और पपीहों ने बोल-बोलकर काम को जगा दिया है। श्यामसुंदर के गोकुल छोड़ते ही अपने भी पराए होकर गए।

ब्रज कहा खोरी।
छत अरु अछत एक रस अंतर, मिटत नहीं कोउ करौ करोरी॥
बालक ही अभिलाषनि लीला, चकित भई कुल लाजनि छोरी॥
बिरुध बिबेक गोप-रस परि करि, बिरह-सिंधु मारत तैं ओरी॥
जद्यपि हौ त्रैलोक के ईस्वर, परसि दृष्टि चितवत न बहोरी।
सूरदास-प्रभु प्रीति-रीति कत, ते तुम सबै अब रहे तोरी॥

हे सखी! किस दोष के कारण मोहन ने ब्रज को त्याग दिया? उनके लिए लाभ और हानि एक समान हैं, लेकिन अनेक प्रयत्न करने के बाद भी उनके बीच का अंतर मिट नहीं सकता। बचपन में उनकी लीलाएँ देखकर हम सब कुल-मर्यादा और लज्जा छोड़ बैठीं। हमारे ज्ञान रूपी नन्हे पौधे को क्रीड़ा के आनंद में निमग्न कर वियोग रूपी समुद्र में डूबने से बचा लिया था। हे श्याम! यद्यपि आप तीनों लोकों के स्वामी हैं, तथापि एक बार भी हमारी ओर आँख उठाकर नहीं देखते। हे स्वामी! प्रेम की रीति को इस प्रकार क्यों तोड़ रहे हो?

किते दिन हरि-दरसन बिनु बीते।
एक न फुरत स्यामसुंदर बिनु, बिरह सबै सुख जीते॥
मदन गुपाल बैठि कंचन-रथ, चितै किए तन रीते।
सुफलक-सुत लै गए दगा दै, प्राननिहू तैं प्रीते॥
कहि धौं घोष कबहिं आवैंगे, हरि-बलभद्र सहीते।
सूरदास-प्रभु बहुरि कृपा करि, मिलहु सुदामा मीते॥

गोपी कहती है कि हे सखी! हरि-दर्शन के बिना न जाने कितने दिन बीत गए हैं। श्यामसुंदर के बिना वियोग-निवारण का कोई उपाय मुझे समझ में नहीं आता। इस वियोग ने हमारे समस्त सुखों को ग्रस लिया है। जाते समय सोने के रथ पर बैठे श्यामसुंदर ने हमारी ओर देखकर हमारे शरीर सूने बना दिए; अक्रूर भी हमें धोखा देकर प्राणों से भी प्रिय श्यामसुंदर को अपने साथ ले गए। बताओ, श्याम और बलराम ब्रज में कब पुनः आएँगे? हे स्वामी! हमसे उसी प्रकार आकर मिलें जैसे आप द्वारका में सुदामा से मिलेंगे।

हरि कौ मारग दिन प्रति जोवति।
चितवत रहत चकोर चंद ज्यौं, सुमिरि-सुमिरि गुन रोवति॥
पतियाँ पठवति, मसि नहिं खूटति, लिखि-लिखि मानहुँ धोवति।
भूख न दिन निसि नींद हिरानी, एकौ पल नहिं सोवति॥
जे-जे बसन स्याम सँग पहिरे, ते अजहूँ नहिं धोवति।
सूरदास-प्रभु तुम्हरे दरस बिनु, बृथा जनम सुख खोवति॥

सूरदास के शब्दों में एक गोपी कहती है कि श्रीराधा नित्य श्यामसुंदर के मार्ग को निहारती रहती है। जिस प्रकार चकोर चंद्रमा को देखता है, उसी प्रकार वह उनके मार्ग को एकटक देख रही है तथा उन्हें याद करके आँसू बहा रही है। पत्र लिखती है, परंतु स्याही समाप्त नहीं होती। आँसुओं से पत्र इस प्रकार भीग जाते हैं मानो बार-बार लिखकर उन्हें धो देती है। उसे न तो दिन में भूख लगती है और न ही रात को नींद आती है। श्यामसुंदर के रहने पर उसने जो वस्त्र पहने थे, उन्हें अब धोती नहीं। हे स्वामी! आपके बिना जीवन के समस्त आनंद व्यर्थ जा रहे हैं।

कर कपोल, भुज धरि जंघा पै, लेखति माइ! नखनि की रेखनि।
सोच-बिचार करति वह कामिनि, धरति जु ध्यान मदन-मुख-भेषनि॥
नैन नीर भरि-भरि जु लेति है, धिक-धिक जे दिन जात अलेखनि।
कमल-नैन मधुपुरी सिधारे, जाने गुन न सहस-मुख सेषनि॥
अवधि झुठाइ कान्ह, सुनु री, सखि! क्यौं जीवैं निसि दामिनि देखनि।
सूरदास-प्रभु चेटक करि गए, नाना बिधि नाचति नट-पेषनि॥

श्रीराधा की स्थिति का वर्णन करते हुए एक गोपी दूसरी गोपी से कहती है कि हे सखी! मिलन की चाह रखनेवाली राधा हथेली पर कपोल और जंघा पर भुजा रखकर भूमि पर नखों से आड़ी-तिरछी रेखाएँ बनाती हुई गहरी सोच में डूबी हुई है। वह हर क्षण कामदेव के समान सुंदर मुखवाले श्याम का चिंतन करती है। बार-बार नेत्रों में जल भरकर वह श्याम के बिना बीतनेवाले दिनों को धिक्कार रही है। हे सखी! कन्हैया के लौटने की अवधि भी बीत चुकी है। अब वह किस प्रकार जीवित रहे? हमारे स्वामी उस पर ऐसा जादू कर गए हैं कि वह नट के समान नाचती हुई व्याकुल हो रही है।

अब निज नैन अनाथ भए।
मधुबन तैं माधौ, सखि! सुनियत औरौ दूरि गए॥
मथुरा बसत हुती जिय आसा, औ लगतौ ब्यौहार।
अब मन भयौ भीम के हाथी, सुनियत अगम अपार॥
सिंधु-कूल इक नगर बसायौ, ताहि द्वारिका नाउँ।
यह तन सौंपि सूर के प्रभु कौं, और जनम धरि जाउँ॥

एक गोपी कह रही है कि श्रीश्यामसुंदर के बिना हमारे नेत्र अनाथ हो गए हैं। सुना है कि वे मथुरा से और भी दूर चले गए हैं। जब तक वे मथुरा में थे, तब तक उनसे मिलन की आशा थी। लेकिन अब तो भीम द्वारा फेंके गए हाथी के समान उनके दर्शन दुर्लभ हैं। उन्होंने दूर अगम्य स्थान पर समुद्र के किनारे द्वारिका नामक एक सुंदर नगर बसाया है। अब मैं अपने प्राण त्यागकर द्वारिका में दूसरा जन्म लूँगी।

जौ पै लै जाइ कोउ, मोहि द्वारिका के देस।
संग ताके चलौं सजनी, जटाहू करि केस॥
बोलि धौं हरवाइ पूछें, आपनें सनमेष।
जैसें ही जो कहै कोऊ, बनौं तैतौ भेष॥
जदपि हम ब्रजनारि, जुबती-जूथ-नाथ नरेस।
तदपि सूर कुमोदिनी ससि बढ़े प्रीति-प्रबेस॥

हे सखी! यदि कोई मुझे द्वारिका ले चले तो मैं अपने केशों की जटा बनाकर भी उसके साथ चलने को तैयार हूँ। यदि कोई कुछ पूछेगा तो मैं उसे ठीक उत्तर दूँगी; जैसा कहेगा वैसा ही वेश बना लूँगी। हम ब्रज की नारियाँ हैं, जबकि श्यामसुंदर सुंदर युवतियों के समूह के स्वामी हैं। वहाँ हमें कोई नहीं पूछेगा, फिर भी चंद्रमा के बढ़ने से कुमुदिनी प्रेम से प्रफुल्लित होती हैं।

अब मोहि निसि देख्खत डर लागै।
बार-बार अकुलाइ देह तैं, निकसि-निकसि मन भागै॥
प्राची दिसा देखि पूरन ससि, ह्वै आयौ तन तातौ।
मानौ मदन बदन बिरहिनि पै, करि लीन्हौ रिस रातौ॥
भृकुटी कुटिल कलंक चाप मनु, अति रिस सौं सर साँध्यौ।
चहुँधा किरनि पसारि फाँसि लै, चाहत बिरहिनि बाँध्यौ॥
सुनि सठ सोइ प्रानपति मेरौ, जाकौ जस जग जानै।
सूर सिंधु बूड़त तैं राख्यौ, ताहू कृतहि न मानै॥

एक गोपी कहती है कि सखी! रात्रि देखते ही अब मुझे डर लगता है, मेरा मन बार-बार शरीर से बाहर निकल-निकल भागता है। पूर्व दिशा में चंद्रमा को उदय होते देख मेरा शरीर दग्ध हो रहा है। ऐसा प्रतीत होता है मानो कामदेव ने वियोगिनियों पर क्रुद्ध होकर अपना मुख लाल कर लिया है। चंद्रमा की कालिमा ही उसकी टेढ़ी भौंहें हैं, जिन पर उसने क्रोध रूपी बाण चढ़ाया है। हे दुष्ट चंद्र! श्यामसुंदर हमारे प्राणपति हैं; उनके सुयश से संपूर्ण संसार परिचित है। जिसने तुझे समुद्र में डूबने से बचाया है, उसके उपकार को भी तू नहीं मानता।

□

श्रीकृष्ण बाल-माधुरी

हरि-मुख देखि हो बसुदेव।
कोटि-काल-स्वरूप सुंदर, कोउ न जानत भेव॥
चारि भुज जिहिं चारि आयुध, निरखि कै न पत्याउ।
अजहुँ मन परतीति नाहीं, नंद-घर लै जाउ॥
स्वान सूते पहरुवा सब, नींद उपजी गेह।
निसि अँधेरी, बीजु चमकै, सघन बरषै मेह॥
बंदि बेरी सबै छूटी, खुले बज्रकपाट।
सीस धरि श्रीकृष्न लीने, चले गोकुल-बाट॥
सिंह आगैं सेष पाछैं, नदी भई भरिपूरि।
नासिका लौं नीर बाढ़्यौ, पार पैलो दूरि॥
सीस तैं हुंकार कीनी, जमुन जान्यौ भेव।
चरन परसत थाह दीन्हीं, पार गए बसुदेव॥
महरि-ढिग उन जाइ राखे, अमर अति आनंद।
सूरदास बिलास ब्रज-हित, प्रगटे आनँद-कंद॥

हे वसुदेव! श्रीहरि के मुख को देखो। परम सुंदर होने पर भी ये करोड़ों काल के समान हैं, इस रहस्य से सभी अनजान हैं। शंख, चक्र, गदा, पद्म-इन चार आयुधों से सुशोभित इनकी चारों भुजाएँ देखकर भी आपको विश्वास नहीं होगा कि इन्होंने ही कंस का वध किया है। आप इन्हें नंदजी के घर ले जाएँ। सभी रक्षक सो गए हैं; अँधेरी रात में बिजली चमक रही है, बादल उमड़-घुमड़कर भयंकर गर्जन करते हुए वर्षा कर रहे हैं। कारागार में वसुदेव की बेड़ियाँ खुल गईं, लोहे के किवाड़ खुल गए। तब वसुदेव सिर पर कृष्ण को उठाकर गोकुल की ओर चल पड़े। यमुना में बाढ़ आई हुई थी, लेकिन वे बिना भय किए उसमें

उतर गए। पीछे-पीछे शेषनाग उन पर छत्र की तरह फन फैलाकर चल पड़े। प्रभु के चरणों का स्पर्श पाकर यमुना का जल नीचे हो गया और वसुदेव सरलतापूर्वक पार चले गए। उन्होंने श्रीकृष्ण को यशोदा के पास सुला दिया। इससे देवगण अत्यंत प्रसन्न हुए। सूरदास कहते हैं कि ये आनंदकंद ब्रज में क्रीड़ा करने के लिए ही प्रकट हुए हैं।

उठीं सखी सब मंगल गाइ।
जागु जसोदा, तेरैं बालक उपज्यो, कुँअर कन्हाइ॥
जो तू रच्या-सच्यो या दिन कौं, सो सब देहि मँगाइ।
देहि दान बंदीजन गुनि-गन, ब्रज-बासिनि पहिराइ॥
तब हँसि कहत जसोदा ऐसैं, महरहिं लेहु बुलाइ।
प्रगट भयौ पूरब तप कौ फल, सुत-मुख देखौ आइ॥
आए नंद हँसत तिहिं ओसर, आनँद उर न समाइ।
सूरदास ब्रज बासी हरषे, गनत न राजा-राइ॥

कन्हैया को देखकर सब सखियाँ मंगल गान गाने लगीं और यशोदा से बोलीं कि यशोदा रानी! तुम्हारे घर कुँवर कन्हाई पुत्र रूप में प्रकट हुए हैं। इस दिन के लिए तुमने जो सामग्री एकत्रित की थी, उसे मँगवा लो; लोगों को दान दो। तब यशोदा हँसकर बोलीं कि सर्वप्रथम ब्रजराज को बुलाओ; वे आकर पुत्र का मुख देखें। यह उनके तप का ही फल है। समाचार पाकर नंद शीघ्रता से आए। उस समय आनंद से उनका हृदय भरा जा रहा था। सूरदास कहते हैं कि कृष्ण-जन्म से सभी ब्रजवासी आनंदित हो रहे हैं। वे समस्त मर्यादा छोड़कर आनंद-उत्सव मना रहे हैं।

आजु नंद के द्वारैं भीर।
इक आवत इक जात विदा है, इक ठाढ़े मंदिर कैं तीर॥
कोउ केसरि कौ तिलक बनावति, कोउ पहिरति कंचुकी सरीर।
एकनि कौं गौ-दान समर्पत, एकनि कौं पहिरावत चीर॥
एकनि कौं भूषन पाटंबर, एकनि कौं जु देत नगर हीर।
एकनि कौं पुहुपनि की माला, एकनि कौं चंदन घसि नीर॥
एकनि माथैं दूब-रोचना, एकनि कौं बोधति दै धीर।
सूरदास धनि स्याम सनेही, धन्य जसोदा पुन्य-सरीर॥

आज नंद के द्वार पर भीड़ लगी हुई है। कोई आ रहा है तो कोई जा रहा है। कोई गोपिका केसर का तिलक लगा रही है तो कोई आभूषण पहन रही है। नंदजी किसी को गोदान दे रहे हैं तो किसी को वस्त्र पहना रहे हैं, किसी को आभूषण एवं पीतांबर दे रहे हैं तो किसी को मणियाँ और हीरे देते हैं। किसी को धैर्यपूर्वक कार्य करने के लिए समझाते हैं। सूरदास कहते हैं कि श्यामसुंदर के प्रेमी गोप-गोपी धन्य हैं; पवित्र देह धारण करनेवाली माता यशोदा धन्य हैं।

कनक-रतन-मनि पालनौ, गढ़्यौ काम सुतहार।
बिबिध खिलौना भाँति के (बहु) गज-मुक्ता चहुँधार॥
जननि उबटि न्हवाइ कै (सिसु) क्रम सौं लीन्हे गोद।
पौढ़ाए पट पालनैं (हँसि) निरखि जननि मन-मोद॥
अति कोमल दिन सात के (हो) अधर चरन कर लाल।
सूर स्याम छबि अरुनता (हो) निरखि हरष ब्रज-बाल॥

बढ़ई ने कृष्ण के लिए मणियों और रत्न से जड़ित पालना बड़ी कारीगरी से बनाया। उसमें अनेक प्रकार के खिलौने तथा चारों ओर गजमुक्ता की लड़ियाँ लटकी हुई हैं। माता यशोदा ने उबटन लगाकर शिशु को स्नान करवाया और पालने में सुलाकर ऊपर से वस्त्र डाल दिया। सोते हुए पुत्र को देखकर माता का हृदय आनंद और प्रसन्नता से भर उठा। वे अभी सात दिन के हैं। उनके होंठ, हाथ एवं पैर अत्यंत लाल-लाल और सुकोमल हैं। सूरदास कहते हैं कि श्यामसुंदर की अद्‌भुत छटा देखकर ब्रज की नारियाँ हर्षित हो रही हैं।

जसोदा हरि पालनैं झुलावै।
हलरावै दुलराइ मल्हावै, जोइ-सोइ कछु गावै॥
मेरे लाल कौं आउ निंदरिया, काहैं न आनि सुवावै।
तू काहैं नहिं बेगहिं आवै, तोकौं कान्ह बुलावै॥
कबहुँ पलक हरि मूँदि लेत हैं, कबहुँ अधर फरकावै।
सोवत जानि मौन ह्वै कै रहि, करि-करि सैन बतावै॥
इहिं अंतर अकुलाइ उठे हरि, जसुमति मधुरैं गावै।
जो सुख सूर अमर-मुनि दुरलभ, सो नँद-भामिनि पावै॥

माता यशोदा श्याम को पालने में झुला रही हैं। साथ-ही-साथ वे उन्हें पुचकारती हैं और गीत गाते हुए कहती हैं कि 'हे निद्रा! मेरे लाल के पास आ जा। तुझे कन्हैया बुला रहा है; तू झटपट क्यों नहीं आती?' श्यामसुंदर भी कभी पलकें बंद कर लेते हैं तो कभी अधर हिलाने लगते हैं। उन्हें सोते देख यशोदा चुप हो जाती हैं और अन्य गोपियों को भी चुप रहने का संकेत करती हैं। इसी बीच श्याम जाग जाते हैं और यशोदा पुनः मधुर स्वर में गाने लगती हैं। सूरदास कहते हैं कि जो सुख देवताओं और श्रेष्ठ मुनिजन को भी दुर्लभ है, वह सुख नंदजी की पत्नी यशोदा को सहज ही सुलभ हो गया।

पालनैं गोपाल झुलावैं।
सुर-मुनि-देव कोटि तैंतीसौ, कौतुक अंबर छावैं॥
जाकौ अंत न ब्रह्मा जानै, सिव-सनकादि न पावैं।
सो अब देखौ नंद-जसोदा, हरषि-हरषि हलरावैं॥
हुलसत हँसत करत किलकारी, मन अभिलाष बढ़ावैं।
सूर स्याम भक्तनि हित कारन, नाना भेष बनावैं॥

यशोदा कन्हैया को पालने में झुला रही हैं। इस दृश्य को देखकर गंधर्व आदि उपदेवता, मुनिगण तथा तैंतीस करोड़ देवता आनंद से हर्षित हो रहे हैं। ब्रह्मा, शिव और सनकादि मुनिगण भी जिनकी महिमा का पार नहीं पा सके, उन कृष्ण को नंद और यशोदा पालने में झुला रहे हैं। वे हँसकर, किलकारी मारकर तथा उल्लसित होकर माता-पिता के वात्सल्य-प्रेम को बढ़ा रहे हैं। सूरदास कहते हैं कि श्यामसुंदर भक्त-वत्सल हैं; उनके लिए वे नाना प्रकार के रूप धारण करते हैं।

चरन गहे अँगुठा मुख मेलत।
नंद-घरनि गावति हलरावति, पलना पर हरि खेलत॥
जे चरनारबिंद श्री-भूषन, उर तैं नैंकु न टारति।
देखौं धौं का रस चरननि मैं, मुख मेलत करि आरति॥
जा चरनारबिंद के रस कौं सुर-मुनि करत बिषाद।
सो रस है मोहूँ कौं दुरलभ, तातैं लेत सवाद॥
उछरत सिंधु धराधर काँपत, कमठ पीठ अकुलाइ।
सेष सहसफन डोलन लागे हरि पीवत जब पाइ॥

बढ़्यौ बृक्ष बट, सुर अकुलाने, गगन भयौ उतपात।
महाप्रलय के मेघ उठे करि जहाँ-तहाँ आघात॥
करुना करी, छाँड़ि पग दीन्हौ, जानि सुरनि मन संस।
सूरदास प्रभु असुर-निकंदन, दुष्टनि कैं उर गंस॥

यशोदा गाते हुए पालने में श्याम को झुला रही हैं। तभी पैर के अँगूठे को पकड़कर वे मुख में डाल लेते हैं। जिस पैर को लक्ष्मी अपना आभूषण बनाए हुए हैं, उसमें क्या रस है, यही सोचकर वे अँगूठा मुख में डाल रहे हैं तथा उसका रस पी रहे हैं। लेकिन उन्हें ऐसा करता देख समुद्र इसे प्रलय का काल समझकर उछलने लगा, पर्वत काँपने लगे, शेष को भी धारण करनेवाले कच्छप की पीठ व्याकुल हो उठी, शेषनाग के सहस्र फन हिलने लगे, अक्षय वटवृक्ष बढ़ने लगा, महाप्रलय के बादल वज्रपात करने के लिए प्रकट हो गए। यह दृश्य देखकर देवगण भयभीत हो उठे और श्रीकृष्ण की स्तुति करने लगे। तब उन्हें अभय प्रदान करते हुए श्यामसुंदर ने अँगूठा छोड़ दिया। सूरदास कहते हैं कि मेरे स्वामी पापियों का नाश करने वाले हैं। उनके कारण केवल दुष्टों को ही वेदना होती है।

जननी देखि, छबि बलि जाति।
जैसैं निधनी धनहिं पाएँ, हरष दिन अरु राति॥
बाल-लीला निरखि हरषति, धन्य धनि ब्रजनारि।
निरखि जननी-बदन किलकत, त्रिदस-पति दै तारि॥
धन्य नँद धनि धन्य गोपी, धन्य ब्रज कौ बास।
धन्य धरनी करन पावन, जन्म सूरजदास॥

श्याम की छवि देखकर माता यशोदा उन पर बलिहारी जाती हैं। जिस प्रकार धन प्राप्त होने पर निर्धन के लिए दिन-रात आनंदमय हो जाता है, उसी प्रकार ब्रज की नारियाँ कृष्ण रूपी धन पाकर हर्षित हो रही हैं। माता का मुख देखकर तीनों लोकों के स्वामी हँसते हुए किलकारी मार रहे हैं। वे गोपिकाएँ धन्य हैं जिन्होंने ब्रज में जन्म लिया। सूरदास कहते हैं कि पृथ्वी को पवित्र करनेवाले भगवान् का श्रीकृष्णावतार धन्य है।

जसुमति मन अभिलाष करै।
कब मेरो लाल घटुरुवनि रेंगै, कब धरनी पग द्वैक धरै॥

कब द्वै छाँत दूध के देखौं, कब तोतरैं मुख बचन झरै।
कब नंदहिं बाबा कहि बोलै, कब जननी कहि मोहिं ररै॥
कब मेरौ अँचरा गहि मोहन, जोइ-सोइ कहि मोसौं झगरै।
कब धौं तनक-तनक कछु खैहै, अपने कर सौं मुखहिं भरै॥
कब हँसि बात कहैगौ मौसौं, जा छबि तैं दुख दूरि हरै।
स्याम अकेले आँगन छाँड़े, आप गई कछु काज घरै॥
इहिं अंतर अँधवाह उठ्यौ इक, गरजत गगन सहित घहरै।
सूरदास ब्रज-लोग सुनत धुनि, जो जहँ-तहँ सब अतिहिं डरै॥

कन्हैया को देखकर यशोदाजी सोचती हैं कि कब मेरा लाल घुटनों के बल सरकने लगेगा? कब पृथ्वी पर वह दो पग रखेगा? कब मैं उसके दूध के दाँत देखूँगी? तोतली बोली में कब हमें 'मैया' और 'बाबा' कहकर पुकारेगा? कब थोड़ा-थोड़ा खाने लगेगा? कब हँसकर मुझसे बातें करेगा? कब मेरे दुःख का हरण करेगा? यह सब सोचते हुए यशोदा श्याम को आँगन में अकेला छोड़ घर के भीतर चली गईं। तभी भयंकर अंधड़ उठा, जिससे पूरा आकाश गूँजने लगा। सूरदास कहते हैं कि उस ध्वनि को सुनकर ब्रज के लोग भयभीत हो गए।

खेलत नँद-आँगन गोबिंदु।
निरखि-निरखि जसुमति सुख पावति, बदन मनोहर इंदु॥
कटि किंकिनी चंद्रिका मानिक, लटकन लटकत भाल।
परम सुदेस कंठ केहरि-नख बिच-बिच बज्र प्रवाल॥
कर पहुँची पाइनि मैं नूपुर, तन राजत पट पीत।
घुटुरुनि चलत अजिर महँ बिहरत, मुख मंडित नवनीत॥
सूर बिचित्र चरित्र स्याम कै रसना कहत न आवैं।
बाल दसा अवलोकि सकल मुनि, जोग बिरति बिसरावैं॥

नंद के आँगन में गोविंद खेल रहे हैं। चंद्रमा के समान उनके मुख को देख माता यशोदा आनंदित हो रही हैं। मोहन की कटि में करधनी है, मस्तक पर चंद्रिका है, जिसकी मणिक की लटकन उनके ललाट पर झूल रही है। सुंदर कंठ में बघनखा, पैरों में नूपुर तथा शरीर पर पीतांबर सुशोभित है। उनके मुख पर माखन लगा हुआ है। घुटनों के बल चलते हुए वे विभिन्न क्रीड़ाएँ कर रहे हैं। सूरदास कहते हैं कि उनकी इन बाल-लीलाओं को देख मुनिजन योग और वैराग्य को भी भूल जाते हैं।

किलकत कान्ह घुटुरुवनि आवत।
मनिमय कनक नंद कै आँगन, बिंब पकरिबैं धावत॥
कबहुँ निरखि हरि आपु छाहँ कौं, कर सौं पकरन चाहत।
किलकि हँसत राजत द्वै दतियाँ, पुनि-पुनि तिहिं अवगाहत॥
कनक-भूमि पद कर-पग-छाया, यह उपमा इक राजति।
करि-करि प्रतिपद प्रति मनि बसुधा, कमल बैठकी साजति॥
बाल-दसा-सुख निरखि जसोदा, पुनि-पुनि नंद बुलावति।
अँचरा तर लै ढाँकि, सूर के प्रभु कौं दूध पियावति॥

कन्हैया किलकारी मारते हुए घुटनों के बल चल रहे हैं। नंद के आँगन में वे अपने प्रतिबिंब को पकड़ने के लिए दौड़ रहे हैं। हँसते समय उनके दोनों दाँत बहुत शोभा देते हैं; वे बार-बार अपने प्रतिबिंब को पकड़ना चाहते हैं। पृथ्वी पर उनके हाथ और पैर की छाया ऐसी पड़ती है मानो वह प्रत्येक पद पर मणि में कमल प्रकट कर उसके लिए बैठने का आसन सजाती है। इससे आनंदित माता यशोदा उनकी क्रीड़ा दिखाने के लिए बार-बार नंदजी को बुलाती है। सूरदास के स्वामी को माता यशोदा आँचल में ढककर दूध पिलाती हैं।

गहे अँगुरिया ललन की, नँद चलन सिखावत।
अरबराइ गिरि परत हैं, कर टेकि उठावत॥
बार-बार बकि स्याम सौं कछु बोल बुलावत।
दुहुँघाँ द्वै दँतुली भई, मुख अति छबि पावत॥
कबहुँ कान्ह-कर छाँड़ि नंद, पग द्वैक रिंगावत।
कबहुँ धरनि पर बैठि कै, मन मैं कछु गावत॥
कबहुँ उलटि चलैं धाम कौं, घुटुरुनि करि धावत।
सूर स्याम-मुख लखि महर, मन हरष बढ़ावत॥

नंदजी कन्हैया की उँगली पकड़कर उन्हें चलना सिखा रहे हैं। श्याम जब लड़खड़ाकर गिर जाते हैं, तब वे हाथ का सहारा देकर उन्हें उठाते हैं, बार-बार श्याम से बात करते हुए उनसे कुछ बुलवाते हैं। मोहन के मुख में ऊपर और नीचे दो-दो दाँत निकल आए हैं, जिससे उनका मुख अत्यंत शोभित हो रहा है। कन्हैया कभी हाथ छोड़कर दो पग चलता है तो कभी घुटनों के बल भागता हुआ घर के भीतर की ओर चल पड़ता है। सूरदास कहते हैं कि श्याम के मुख

को देख-देखकर ब्रजराज के हृदय में आनंद का सागर उमड़ रहा है।

हरि-हरि हँसत मेरौ माधैया।
देहरि चढ़त परत गिरि-गिरि, कर-पल्लव गहति जु मैया॥
भक्ति-हेत जसुदा के आगैं, धरनी चरन धरैया।
जिनि चरननि छलियौ बलि राजा, नख गंगा जु बहैया॥
जिहिं सरूप मोहे ब्रह्मादिक, रबि-ससि कोटि उगैया।
सूरदास तिन प्रभु चरननि की, बलि-बलि मैं बलि जैया॥

कितने आनंद की बात है कि मेरा माधव हँस रहा है। देहली पर चढ़ते समय वह बार-बार गिर पड़ता है। माता यशोदा शीघ्रता से हाथ पकड़कर उसे सहारा देती हैं। भक्ति के कारण ही वे पृथ्वी पर अवतरित हुए हैं। सूरदास कहते हैं कि जिन चरणों से उन्होंने तीन पग में संपूर्ण ब्रह्मांड को नाप लिया, जिन चरणों से पवित्र गंगाजी को उत्पन्न किया; जिसके स्वरूप से ब्रह्माजी सहित समस्त देवगण मोहित हो रहे हैं, उन चरणों पर मैं बलिहारी जाता हूँ।

मैं मोही तेरैं लाल री।
निपट निकट ह्वै कै तुम निरखौ, सुंदर नैन बिसाल री॥
चंचल दृग अंचल-पट-दुति-छबि, झलकत चहुँ दिसि झाल री।
मनु सेवाल कमल पर अरुझे, भँवत भ्रमर भ्रम-चाल री॥
मुक्ता-बिद्रुम-नील-पीत-मनि, लटकत लटकन भाल री।
मानौ सुक्र-भौम-सनि-गुरु मिलि, ससि कैं बीच रसाल री॥
उपमा बरनि न जाइ सखी री, सुंदर मदन-गोपाल री।
सूर स्याम के ऊपर वारै तन-मन-धन ब्रजबाल री॥

एक गोपी माता यशोदा से कहती है कि हे ब्रजरानी! मैं तुम्हारे लाल पर मोहित हो गई हूँ। तुम इसके सुंदर और बड़े-बड़े चंचल नेत्रों को देखो। इसके मुख पर तुम्हारे आँचल की झलक शोभा दे रही है, मुख के चारों ओर लटकती बालों की लटें कमल पर मँडराते भौंरों के समान प्रतीत हो रही हैं। विभिन्न रत्नों से जड़ित लटकन ललाट पर इस प्रकार लटक रही है, मानो शुक्र, मंगल, शनि और बृहस्पतिख्रचंद्रमा के ऊपर एकत्रित होकर शोभायमान हों। हे सखी! मदनमोहन के सौंदर्य का वर्णन नहीं किया जा सकता। सूरदास कहते हैं

कि ब्रज की समस्त नारियाँ कन्हैया पर अपना तन, मन और धन न्योछावर कर देती हैं।

नंद जू के बारे कान्ह, छाँड़ि दै मथनियाँ।
बार-बार कहति मातु जसुमति नँदरनियाँ॥
नैंकु रहौ माखन देउँ मेरे प्रान-धनियाँ।
आरि जनि करौ, बलि-बलि जाउँ हौं निधनियाँ॥
जाकौ ध्यान धरैं सबै, सुर-नर-मुनि जनियाँ।
ताकौ नँदरानी मुख चूमै लिये कनियाँ॥
सेष सहस आनन गुन गावत नहिं बनियाँ।
सूर स्याम देखि सबै भूलीं गोप-धनियाँ॥

अठखेलियाँ करते समय जब कृष्ण ने माखन निकालती माता की मथनी पकड़ ली, तब यशोदा उनसे कहती है कि 'मेरे लाड़ले! मथनी छोड़ दे। मेरे लाल! तनिक रुक, मैं अभी तुझे मक्खन देती हूँ।' जिसका देवता, मुनिजन और सत्पुरुष निरंतर ध्यान करते हैं, उन्हीं श्रीकृष्ण को माता यशोदा गोद में बिठाकर उनका मुख चूम रही हैं। सूरदास कहते हैं कि सहस्र मुखों से युक्त शेषनाग भी जिनका यशोगान नहीं कर पाते, उन श्यामसुंदर को देखकर ब्रज की गोपियाँ सबकुछ भूल गई हैं।

प्रात समय दधि मथति जसोदा, अति सुख कमल-नयन-गुन गावति।
अतिहिं मधुर गति कंठ सुधर अति, नंद-सुवन चित हितहि करावति॥
नील बसन तनु, सजल जलद मनु, दामिनि बिवि भुज-दंड चलावति।
चंद्र-बदन लट लटकि छबीली, मनहुँ अमृत रस ब्यालि चुरावति॥
गोरस मथत नाद इक उपजत, किंकिनि-धुनि सुनि स्त्रवन रमावति।
सूर स्याम अँचरा धरि ठाढ़े, काम कसौटी कसि दिखरावति॥

प्रातःकाल दही मथते हुए यशोदा आनंद से सराबोर होकर कन्हैया के गुण गा रही हैं। वे अत्यंत मधुर लय में श्रीनंद-नंदन के प्रति प्रेमपूर्वक चित्त लगाए हुए गा रही हैं। उनके शरीर पर सुशोभित नीली साड़ी जल से भरे मेघ के समान प्रतीत हो रही है। दही मथते समय एक शब्द उत्पन्न हो रहा है, उसमें स्वर मिलाकर वे गाते हुए कानों को आनंद दे रही हैं। सूरदास कहते हैं कि निकट ही श्यामसुंदर उनका आँचल पकड़े

खड़े हुए हैं। उनकी इस मनमोहिनी छवि के समक्ष कामदेव का सौंदर्य भी तुच्छ है।

मैया, कबहिं बढ़ैगी चोटी?
किती बार मोहि दूध पियत भइ, यह अजहूँ है छोटी॥
तू जो कहति बल की बेनी ज्यौं, ह्वैहै लाँबी-मोटी।
काढ़त-गुहत-न्हवावत जैहै नागिनि-सी भुइँ लोटी॥
काँचौ दूध पियावति पचि-पचि, देति न माखन-रोटी।
सूरज चिरजीवौ दोउ भैया, हरि-हलधर की जोटी॥

श्यामसुंदर माता को संबोधित करते हुए कहते हैं कि मैया! दूध पीते हुए मुझे कितने दिन हो गए हैं, परंतु मेरी चोटी अभी भी छोटी है। यह चोटी कब बढ़ेगी? तुम तो कहती थीं कि दाऊ भैया की चोटी की तरह यह मोटी और बड़ी हो जाएगी; कंघी करते, गूँथते और स्नान कराते समय यह भूमि तक लोटने लगेगी। तुम बार-बार परिश्रम करके मुझे कच्चा दूध पिलाती हो, मक्खन-रोटी नहीं देतीं। सूरदास कहते हैं कि बलराम-घनश्याम की अनुपम जोड़ी चिरंजीवी रहे।

मैया, मोहि बड़ौ करि लै री।
दूध-दही-घृत-माखन-मेवा, जो माँगौ सो दै री॥
कछू हौंस राखै जनि मेरी, जोइ-जोइ मोहि रुचै री।
होउँ बेगि मैं सबल सबनि मैं, सदा रहौं निरभै री॥
रंगभूमि मैं कंस पछारौं, घीसि बहाऊँ बैरी।
सूरदास स्वामी की लीला, मथुरा राखौं जै री॥

श्रीकृष्ण माता से कहते हैं कि मैया! मुझे जल्दी से बड़ा कर दे। दूध, दही, घी, मक्खन, मेवा आदि मैं जो कुछ माँगूँ, मुझे दे दो। मुझे जो पसंद हो, वही दो। इससे मैं शीघ्र बलवान् हो जाऊँगा और निर्भय रहूँगा। रंगभूमि में कंस को पछाड़कर शत्रुओं को घसीटकर नष्ट कर दूँगा। सूरदास कहते हैं कि यह मेरे स्वामी द्वारा होनेवाली भविष्य की लीला है।

मैया, मैं तो चंद-खिलौना लैहौं।
जैहौं लोटि धरनि पर अबहीं, तेरी गोद न ऐहौं॥

सुरभी कौ पय पान न करिहौं, बेनी सिर न गुहैहौं।
ह्वैहौं पूत नंद बाबा कौ, तेरौ सुत न कहैहौं॥
आगैं आउ, बात सुनि मेरी, बलदेवहि न जनैहौं।
हँसि समुझावति कहति जसोमति, नई दुलहिया दैहौं॥
तेरी सौं मेरी सुनि मैया, अबहिं बियाहन जैहौं।
सूरदास ह्वैं कुटिल बराती, गीत सुमंगल गैहौं॥

चंद्रमा लेने का हठ करते हुए कृष्ण कहते हैं कि मैया! मैं तो केवल चंद्र-खिलौना ही लूँगा। यदि तुम नहीं दोगी तो मैं तुम्हारी गोद में न आकर पृथ्वी पर लोट जाऊँगा। फिर न तो मैं दूध पीऊँगा और न ही बाल बनवाऊँगा। मैं नंद बाबा का पुत्र बनूँगा, तेरा बेटा नहीं कहलाऊँगा। कृष्ण का हठ देख माता यशोदा हँसते हुए कहती हैं कि कन्हैया, मेरी बात सुनो। मैं तुम्हें नई दुलहन ला दूँगी। यह सुनकर कृष्ण हर्षित होकर कहने लगे कि मैया! तुम्हारी शपथ, मैं इसी समय ब्याह करने जाऊँगा। सूरदास कहते हैं कि हे प्रभु! आपके विवाह में मैं कुटिल बाराती बनकर मंगल गीत गाऊँगा।

लै-लै मोहन, चंदा लै।
कमल-नैन! बलि जाउँ सुचित ह्वै, नीचैं नैकु चितै॥
जा कारन तैं सुनि सुत सुंदर, कीन्ही इती अरै।
सोइ सुधाकर देखि कन्हैया, भाजन माहिं परै॥
नभ तैं निकट आनि राख्यौ है, जल-पुट जतन जुगै।
लै अपने कर काढ़ि चंद कौं, जो भावै सो कै॥
गगन-मँडल तैं गहि आन्यौ है, पंछी एक पठै।
सूरदास प्रभु इती बात कौं, कत मेरौ लाल हठै॥

यशोदा कहती है कि मेरे लला! लो, चंद्रमा को लो। कमललोचन! मैं तुम पर बलिहारी जाऊँ। जरा नीचे तो देखो। तुम जिस चंद्रमा को पाने के लिए हठ कर रहे हो, वह नीचे बरतन के पानी में पड़ा हुआ है। मैंने बड़ी चतुराई से इसे आकाश से उतारकर बरतन में रख दिया है। अब तुम हाथ डालकर इसे निकाल लो और जो ठीक लगे सो करो। मैंने एक पक्षी को भेजकर इसे आकाश से मँगवाया है। सूरदास कहते हैं कि मेरे स्वामी को माता इतनी-सी बात के लिए हठ न करने को कह रही हैं।

जागिए, व्रजराज-कुँवर, कमल-कुसुम फूले।
कुमुद-बृंद सकुचित भए, भृंग लता भूले॥
तमचुर खग रोर सुनहु, बोलत बनराई।
राँभति गो खरिकनि मैं, बछरा हित धाई॥
बिधु मलीन रबि-प्रकास गावत नर-नारी।
सूर स्याम प्रात उठौ, अंबुज-कर-धारी॥

प्रातः की वेला में कृष्ण को जगाते हुए माता कहती हैं कि ब्रजराजकुमार! जागो! देखो, कमल-पुष्प विकसित हो गए हैं, कुमुदिनियों का समूह संकुचित हो गया है, भौंरे लताओं को छोड़कर कमल पर मँडराने लगे हैं। मुर्ग सहित अन्य पक्षियों का स्वर सुनो, जो वन में बोल रहे हैं। गायें रँभाते हुए बछड़ों की ओर दौड़ रही हैं। मलिन होकर चंद्रमा छिप गया है तथा सूर्य का प्रकाश चारों ओर फैल गया है। सूरदास कहते हैं कि कमल के समान हाथोंवाले श्यामसुंदर! जागो! भोर हो गई है।

खेलत स्याम ग्वालनि संग।
सुबल हलधर अरु श्रीदामा, करत नाना रंग॥
हाथ तारी देत भाजत, सबै करि-करि होड़।
बरजै हलधर, स्याम! तुम जनि, चोट लागै गोड़॥
तब कह्यौ मैं दौरि जानत, बहुत बल मो गात।
मेरी जोरी है श्रीदामा, हाथ मारे जात॥
उठे बोलि तबै श्रीदामा, जाहु तारी मारि।
आगैं हरि पाछैं श्रीदामा, धर्‌यौ स्याम हँकारि॥
जानि कै मैं रह्यो ठाढ़ौ छुवत कहा जु मोहि।
सूर हरि खीझत सखा सौं, मनहिं कीन्हौ कोह॥

ब्रज की गलियों में श्यामसुंदर बाल-गोपों के साथ खेल रहे हैं। सुबल, बलराम और श्रीदामा आदि बालक विभिन्न प्रकार की क्रीड़ाएँ कर रहे हैं। परस्पर होड़ कर सभी एक-दूसरे के हाथों में ताली मारकर भाग रहे हैं। किंतु चोट लगने के भय से बलराम श्रीकृष्ण को दौड़ने से मना करते हैं। तब वे हँसते हुए कहते हैं कि मैं दौड़ना जानता हूँ। श्रीदामा मेरा जोड़ीदार है; वह मेरे हाथ में ताली मारकर भागना ही चाहता है। तब श्रीदामा ने उन्हें हाथ पर ताली मारकर भागने के लिए कहा। श्यामसुंदर ताली मारकर तेजी से दौड़े और उन्हें पकड़ने के लिए श्रीदामा भागे। कुछ ही देर बाद श्रीदामा ने उन्हें पकड़ लिया।

कृष्ण कहते हैं कि मैं जानबूझकर खड़ा हो गया था। ऐसे में मुझे क्यों पकड़ते हो? सूरदास कहते हैं कि मन में रोष कर कृष्ण सखा से लड़ रहे हैं।

खेलन अब मेरी जाइ बलैया।
जबहिं मोहि देखत लरिकन सँग, तबहिं खिझत बल भैया॥
मोसौं कहत तात बसुदेव कौ देवकि तेरी मैया।
मोल लियौ कछु दै करि तिन कौं, करि-करि जतन बढ़ैया॥
अब बाबा कहि कहत नंद सौं, जसुमति सौं कहै मैया।
ऐसैं कहि सब मोहि खिझावत, तब उठि चल्यौ खिसैया॥
पाछैं नंद सुनत हे ठाढ़े, हँसत-हँसत उर लैया।
सूर नंद बलरामहि धिरयौ, तब मन हरष कन्हैया॥

श्यामसुंदर रुष्ट होकर कहते हैं कि अब मैं खेलने नहीं जाऊँगा। जब भी मैं सखाओं के साथ खेलता हूँ, तभी बलराम भैया मुझसे झगड़ने लगते हैं। वे बार-बार कहते हैं कि तू वसुदेव और देवकी का पुत्र है। ब्रजराज ने उन्हें कुछ देकर तुम्हें मोल लिया है तथा अनेक यत्न कर तुम्हें बड़ा किया है। इसलिए अब तू उन्हें 'बाबा' और यशोदा को 'माता' कहता है। यह कहकर वे मुझे चिढ़ाते हैं। इसी से रुष्ट होकर मैं वहाँ से चला आया। यह सुनकर नंद ने हँसते हुए उन्हें हृदय से लगा लिया। सूरदास कहते हैं कि जब श्रीनंद ने बलराम को डाँटा, तब कृष्ण के अधरों पर मुसकान दौड़ गई।

खेलत मैं को काको गुसैयाँ।
हरि हारे जीते श्रीदामा, बरबस हीं कत करत रिसैयाँ॥
जाति-पाँति हम ते बड़ नाहीं, नाहीं बसत तुम्हारी छैयाँ।
अति अधिकार जनावत यातैं, जातैं अधिक तुम्हारैं गैयाँ॥
रुहठि करै तासौं को खेलै, रहे बैठि जहँ-तहँ सब ग्वैयाँ।
सूरदास प्रभु खेल्यौइ चाहत, दाउँ दियौ करि नंद-दुहैयाँ॥

खेल-खेल में जब कृष्ण श्रीदामा से झगड़ने लगे तब सखाओं ने कहा कि श्याम, खेल में कोई किसी का स्वामी नहीं होता। तुम हार गए हो, जबकि श्रीदामा जीत गया है। फिर क्यों बिना बात का झगड़ा करते हो? न तो तुम हमसे श्रेष्ठ हो और न ही हम तुम्हारे अधीन हैं। फिर भी तुम केवल इसलिए अधिकार जताते हो, क्योंकि तुम्हारे पास अधिक गायें हैं। जो रूठने-रूठाने का कार्य

करता है, उसके साथ कोई नहीं खेलता। यह कहकर सभी साथी एक ओर बैठ गए। सूरदास कहते हैं कि मेरे स्वामी खेलना चाहते थे, इसलिए नंद बाबा की कसम खाकर पुनः झगड़ा न करने का दाव दे दिया।

अहो नाथ! जेइ-जेइ सरन आए तेइ-तेइ भए पावन।
महापतित-कुल-तारन, एकनाम अघ जारन दारुन दुख बिसरावन॥
मोतैं को हो अनाथ, दरसन तैं भयौ सनाथ, देखत नैन जुड़ावन।
भक्त हेतदेह धरन, पुहुमी कौ भार हरन, जनम-जनम मुक्तावन॥
दीनबंधु, असरन के सरन, सुखनि जसुमति के कारन देह धरावन।
हित कै चित की मानत सबके जिय की जानत सूरदास-मनभावन॥

ब्राह्मण श्रीकृष्ण की स्तुति करते हुए कहता है कि हे स्वामी! आपकी शरण में आनेवाले सभी प्राणी पवित्र हो गए। आपके नाम का उच्चारण मात्र ही महान् पापियों का उद्धार करनेवाला, पापों का नाश करनेवाला तथा कठिन से कठिन दुःख को भी विस्मृत करनेवाला है। आपके दर्शन कर मैं अनाथ भी सनाथ हो गया। आप भक्तों का कल्याण करने, पृथ्वी का भार दूर करने तथा मोक्ष प्रदान करने के लिए अवतार धारण करते हैं। हे दीनबंधु! आपने यशोदाजी को सुख प्रदान करने के लिए अवतार धारण किया है। आप सबके प्रेग भाव का आदर करते हैं, सबके मन की बात जानते हैं। सूरदास कहते हैं कि हे श्यामसुंदर! मेरे मनभावन आप ही हैं।

मोहन काहैं न उगिलौ माटी।
बार-बार अनरुचि उपजावति, महरि हाथ लिये साँटी॥
महतारी सौं मानत नाहीं, कपट-चतुरई ठाटी।
बदन उघारि दिखायौ अपनौ, नाटक की परिपाटी॥
बड़ी बार भइ लोचन उधरे, भरम-जवनिका फाटी।
सूर निरखि नँदरानि भ्रमति भइ, कहति न मीठी-खाटी॥

एक बार माता यशोदा ने कृष्ण को मिट्टी खाते देख लिया। वे हाथ में छड़ी लेकर उन्हें डाँटते हुए मिट्टी उगलने के लिए कहती हैं। इस कार्य द्वारा वे लाल के मन में मिट्टी के लिए घृणा पैदा करना चाहती हैं। लेकिन कृष्ण माता की बात अनसुनी कर देते हैं। सूरदास कहते हैं कि तब श्यामसुंदर ने मुख खोलकर माता को तीनों लोक सहित संपूर्ण ब्रह्मांड के दर्शन करवा दिए। यह दृश्य देखकर माता यशोदा विस्मित नेत्रों से उन्हें देखती रह गईं। 'मैं माता और

ये मेरे पुत्र हैं', यह भ्रम नष्ट हो गया। इस दृश्य ने उन्हें इतना मोहित कर दिया कि वे कुछ भी न कह सकीं।

मैया री, मोहि माखन भावै।
जो मेवा पकवान कहति तू, मोहि नहीं रुचि आवै॥
ब्रज-जुवती इक पाछैं ठाढ़ी, सुनत स्याम की बात।
मन-मन कहति कबहुँ अपनैं घर, देखौं माखन खात॥
बैठैं जाइ मथनियाँ कैं ढिंग, मैं तब रहौं छपानी।
सूरदास प्रभु अंतरजामी, ग्वालिनि-मन की जानी॥

श्रीकृष्ण माता यशोदा से कहते हैं कि मैया, मुझे केवल मक्खन अच्छा लगता है। तू जिन पकवानों और मेवों की बात कर रही है, वे मुझे पसंद नहीं हैं। उस समय उनकी बात सुनकर पीछे खड़ी एक गोपी मन-ही-मन कहने लगी कि मैं इन्हें अपने घर में मक्खन खाते देखूँ। ये मटके के पास आकर बैठ जाएँ और मैं छिपकर इन्हें निहारती रहूँ। सूरदास कहते हैं कि मेरे स्वामी अंतर्यामी हैं; उन्होंने गोपी के हृदय की बात जान ली।

चली ब्रज घर-घरनि यह बात।
नंद-सुत सँग सखा लीन्हें, चोरि माखन खात॥
कोउ कहति मेरे भवन भीतर, अबहिं पैठे धाइ।
कोउ कहति मोहि देखि द्वारैं, उतहिं गए पराइ॥
कोउ कहति किहिं भाँति हरि कौं, देखौं अपने धाम।
हेरि माखन देउँ आछौं, खाइ कितनौ स्याम॥
कोउ कहति मैं देखि पाऊँ, भरि धरौं अँकवारि।
कोउ कहति मैं बाँधि राखौं, को सकै निरवारि॥
सूर प्रभु के मिलन कारन, करति बुद्धि बिचार।
जोरि कर बिधि कौं मनावति, पुरुष नंद-कुमार॥

नंद-नंदन सखाओं के साथ चोरी से मक्खन खाते हैं, यह बात ब्रज के घर-घर में फैल गई। कोई गोपी उनके घर में घुसने की बात कहती है तो कोई उनके घर से भागने की बात कर रही है। किसी गोपी का हृदय उन्हें अपने घर में मक्खन खाते देखने के लिए मचल रहा है तो कोई भुजाओं में भरकर उन पर असीमित प्रेम उड़ेलना चाहती है। सूरदास कहते हैं कि सभी अपनी-अपनी बुद्धि के अनुसार सोचते हुए विधाता से कृष्ण को पति रूप में माँग रही हैं।

महरि! तुम मानौ मेरी बात।
ढूँढ़ि-ढाँढ़ि गोरस सब घर कौ, हर्‌यौ तुम्हारैं तात॥
कैसैं कहति लियौ छींके तैं, ग्वाल-कंध दै लात।
घर नहिं पियत दूध धौरी कौ, कैसैं तेरैं खात॥
असंभाव बोलन आई है, ढीठ ग्वालिनी प्रात।
ऐसौ नाहिं अचगरौ मेरौ, कहा बनावति बात॥
का मैं कहौं कहत समुचति हौं, कहा दिखाऊँ गात।
हैं गुन बड़े सूर के प्रभु के, ह्याँ लरिका ह्वै जात॥

एक गोपी कन्हैया की शिकायत करते हुए यशोदा से कहती है कि हे ब्रजरानी! तुम मेरी बात मान लो। मेरे घर आकर तुम्हारा पुत्र सारा गोरस पी गया। इसके लिए वह एक गोपकुमार के कंधे पर चढ़ गए थे। तब यशोदा कहती हैं कि वह घर पर गाय का दूध तक नहीं पीता, फिर तुम्हारे घर का दही-मक्खन कैसे खा जाता है? यह गोपी बड़ी ढीठ है, जो सुबह-सुबह यह असंभव बात कह रही है। तू इतनी बातें मत बना, मेरा पुत्र इतना ऊधमी नहीं है। सूरदास कहते हैं कि गोपी संकोच करते हुए कह रही है कि वे यहाँ तो सीधे बन जाते हैं, लेकिन वहाँ अनेक ऊधम करते हैं।

चोरी करत कान्ह धरि पाए।
निसि-बासर मोहि बहुत सतायौ, अब हरि हाथहिं आए॥
माखन-दधि मेरौ सब खायौ, बहुत अचगरी कीन्ही।
अब तौ घात परे हौ लालन, तुम्हें भलैं मैं चीन्ही॥
दोउ भुज पकरि कह्यौ कहँ जैहौ, माखन लेउँ मँगाइ।
तेरी सौं मैं नैकु न खायौ, सखा गए सब खाइ॥
मुख तन चितै बिहँसि हरि दीन्हौ, रिस तब गई बुझाइ।
लियौ स्याम उर लाइ ग्वालिनी, सूरदास बलि जाइ॥

एक गोपी ने कन्हैया को माखन चोरी करते हुए पकड़ लिया। वे तनिक क्रोध करते हुए कहती हैं कि श्याम! तुमने दिन-रात मुझे बहुत तंग किया, मेरा सारा दही-माखन खा लिया। लेकिन आज तुम मेरे चंगुल में फँस गए हो। यह कहकर उसने श्याम के दोनों हाथ पकड़ लिये और कहा कि अब भागकर कहाँ जाओगे? मैं सारा माखन यशोदा से माँग लूँगी। तब श्यामसुंदर मधुर स्वर में बोले कि तुम्हारी शपथ, मैंने माखन नहीं खाया। सारा माखन तो मेरे सखा खा गए।

श्याम की मधुर चितवन को देखकर गोपी का क्रोध शांत हो गया और उसने उन्हें हृदय से लगा लिया। श्रीकृष्ण की इस चतुराई पर सूरदास बलिहारी जाते हैं।

गए स्याम ग्वालिनि घर सूनैं।
माखन खाइ डारि सब गोरस, बासन फोरि किए सब चूनै॥
बड़ौ माट इक बहुत दिननि कौ, ताहि कर्‌यौ दस टूक।
सोवत लरिकनि छिरकि मही सौं, हँसत चले दै कूक॥
आइ गई ग्वालिनि तिहिं औसर, निकसत हरि धरि पाए।
देखे घर-बासन सब फूटे, दूध-दही ढरकाए॥
दोउ भुज धरि गाढ़ै करि लीन्हे, गई महरि कै आगैं।
सूरदास अब बसै कौन ह्याँ, पति रहिहै ब्रज त्यागैं॥

एक दिन श्याम किसी गोपी के घर में गए। उस समय गोपी घर में नहीं थी। उन्होंने मक्खन खाकर शेष गोरस बिखेर दिया और बरतनों को तोड़कर चूर-चूर कर दिया। एक बहुत पुराने मटके के भी टुकड़े-टुकड़े कर दिए। इसके बाद सोते हुए बालकों पर मट्ठा फेंककर वे हँसते हुए वहाँ से भाग चले। लेकिन तभी गोपी लौट आई। घर की दुर्दशा देखकर उसने कन्हैया को पकड़ लिया और यशोदा के सामने ले गई। सूरदास कहते हैं कि वह यशोदा से बोली कि अब हम कहाँ जाकर बसें? अब तो ब्रज छोड़ने से ही हमारा सम्मान बचा रह सकता है।

हरि सब भाजन फोरि पराने।
हाँक देत पैठे दै पेला, नैकु न मनहिं डराने॥
सींके छोरि मारि लरिकनि कौं, माखन-दधि सब खाइ।
भवन मच्यौ दधि-काँदौ लरिकनि, रोवत पाए जाइ॥
सुनहु-सुनहु सबहिनि के लरिका, तेरौ सौ कहुँ नाहि।
हाटनि-बाटनि गलिनि कहूँ कोउ, चलत नहीं डरपाहिं॥
रितु आए कौ ख्खेल कन्हैया, सब दिन खेलत फाग।
रोकि रहत गहि गली साँकरी, टेढ़ी बाँधत पाग॥
बारे तैं सुत ये ढँग लाए, मनहीं-मनहिं सिहाति।
सुनैं सूर ग्वालिनि की बातैं, सकुचि महरि पछिताति॥

श्यामसुंदर ललकारते हुए गोपी के घर में घुसे। फिर उसके घर का सारा दही-मक्खन खाकर, घर के बालकों को पीटकर तथा सब बरतन तोड़कर भाग

गए। लौटकर गोपी ने सारे घर को दही से सने हुए देखा; उसके बालक रो रहे थे। वह उसी समय यशोदा के पास कहने लगी कि तुम्हारे लड़के ने सबको तंग कर दिया है। बाजार में, मुख्य—मार्गों पर, गलियों में सभी तुम्हारे पुत्र से डरते हैं। वसंत में फाग खेलना उचित है, लेकिन कन्हैया तो हर समय होली खेलता है। गलियों में गोपियों को पकड़ लेता है। अभी से तुम्हारे पुत्र के ये रंग-ढंग हैं। यद्यपि गोपी यह सब कह रही है, किंतु मन-ही-मन श्याम द्वारा छेड़े जाने के लिए ललचा रही है। सूरदास कहते हैं कि गोपी की बात सुनकर माता यशोदा सोच में पड़ गईं और पछताने लगीं।

मैया मैं नहिं माखन खायौ।
ख्याल परैं ये सखा सबै मिलि, मेरैं मुख लपटायौ॥
देखि तुही सींके पर भाजन, ऊँचैं धरि लटकायौ।
हौं जु कहत नान्हे कर अपनैं मैं कैसैं करि पायौ॥
मुख दधि पोंछि बुद्धि इक कीन्ही, दोना पीठि दुरायौ।
डारि साँटि, मुसुकाइ जसोदा, स्यामहि कंठ लगायौ॥
बाल-बिनोद-मोद मन मोह्यौ, भक्ति-प्रताप दिखायौ।
सूरदास जसुमति कौ यह सुख, सिव बिरंचि नहिं पायौ॥

यशोदा डाँटती हैं तो कन्हैया उनके गले में बाँहें डालकर कहते हैं कि मैया मोरी, मैंने माखन नहीं खाया। यह सब सखाओं ने किया है। वे मेरे मुख पर माखन लगाकर मुझे तुमसे डाँट लगवाना चाहते हैं। मैया, माखन का बरतन तो छींके पर इतनी ऊँचाई पर रखा हुआ है। भला मेरे नन्हे हाथ उस तक कैसे पहुँच सकते हैं? यह कहकर श्याम ने मुख का माखन पोंछ डाला और चतुराईपूर्वक माखन का दोना पीछे छिपा दिया। पुत्र की बात सुनकर माता यशोदा ने उन्हें गले से लगा लिया। सूरदास कहते हैं कि प्रभु ने बाल-लीला द्वारा माता को आनंदित कर मोहित कर दिया। यह सुख शिव और ब्रह्मा के लिए भी दुर्लभ है।

जसोदा! एतौ कहा रिसानी।
कहा भयौ जौ अपने सुत पै, महि ढरि परी मथानी॥
रोषहिं रोष भरे दृग तेरे, फिरत पलक पर पानी।
मनहुँ सरद के कमल-कोष पर मधुकर मीन सकानी॥
स्रम-जल किंचित निरखि बदन पर, यह छबि अति मन मानी।

मनौ चंद नव उमँगि सुधा भुव, ऊपर बरषा ठानी॥
गृह-गृह गोकुल दई दाँवरी, बाँधति भ्भुज नँदरानी।
आपु बँधावत, भक्तनि छोरत, बेद बिदित भई बानी॥
गुन लघु चरचि करति स्रम जितनौ, निरखि बदन मुसुकानी।
सिथिल अंग सब देखि सूर-प्रभु सोभा-सिंधु तिरानी॥

एक गोपी कहती है कि यशोदाजी! तुम क्यों इतना क्रोध कर रही हो? कन्हैया द्वारा दही का मटका गिराने से क्रोध मत करो। देखो, तुम्हारे नेत्र भी डबडबा गए हैं। तुम्हारे मुख पर पसीने की बूँदें ऐसी प्रतीत होती हैं मानो चंद्रमा ने पृथ्वी पर अमृत-वर्षा कर दी हो। फिर गोकुल के घर-घर ने रस्सी दी और यशोदा ने श्याम को ऊखल से बाँध दिया। इसके बाद संसार में वेदों की यह बात प्रसिद्ध हो गई कि प्रभु स्वयं को बाँधकर भक्तों को मुक्ति प्रदान करते हैं। रस्सियों के छोटी होने के कारण उन्हें जोड़ने में यशोदा परिश्रम कर रही हैं। उस समय उनका मुख देखकर गोपी मुसकरा रही है। सूरदास कहते हैं कि माता की संपूर्ण देह इस प्रकार शिथिल हो गई, मानो प्रभु की शोभा के समुद्र में वे थककर तैर रही हों।

कहौ तौ माखन ल्यावैं घर तैं।
जा कारन तू छोरति नाहीं, लकुट न डारति कर तैं॥
सुनहु महरि! ऐसी न बूझियै, सकुचि गयौ मुख डर तैं।
ज्यौं जलरुह ससि-रस्मि पाइ कै, फूलत नाहिं न सर तैं॥
ऊखल लाइ भुजा धरि बाँधी, मोहनि मूरति बर तैं।
सूर स्याम-लोचन जल बरषत जनु मुकुता हिमकर तैं॥

गोपियाँ कहती हैं कि यशोदा रानी! मक्खन के कारण तुम मोहन को खोलती नहीं हो और न ही हाथ की छड़ी एक ओर रख रही हो। कहो तो हम अपने घर से मक्खन ले आएँ? ब्रजरानी! तुम्हें ऐसा नहीं करना चाहिए। तनिक देखो तो, श्याम का चेहरा कितना मुरझा गया है। तुमने कितनी निष्ठुर होकर इसके हाथ ऊखल से बाँध दिए हैं। सूरदास कहते हैं कि उस समय श्याम के नेत्रों से इस प्रकार आँसू गिरने लगे मानो चंद्रमा से मोती बरस रहे हों।

(जसोदा) तेरौ भलौ हियौ है भाई!
कमल-नैन माखन कैं कारन, बाँधे ऊखल ल्याई॥
जो संपदा देव-मुनि दुर्लभ, सपनेहुँ देइ न दिखाई।

याही तैं तू गर्ब भुलानी, घर बैठे निधि पाई॥
जो मूरति जल-थल मैं ब्यापक, निगम न खोजत पाई।
सो मूरति तैं अपनैं आँगन, चुटकी दै जु नचाई॥
तब काहू सुत रोवत देखति, दौरि लेति हिय लाई।
अब अपने घर के लरिका सौं इती करति निठुराई॥
बारंबार सजल लोचन करि चितवत कुँवर कन्हाई।
कहा करौं बलि जाउँ छोरि तू, तेरी सौंह दिवाई॥
सुर-पालक असुरनि उर सालक, त्रिभुवन जाहि डराई।
सूरदास-प्रभु की यह लीला, निगम नेति नित गाई॥

एक गोपी कहती है कि ब्रजरानी! तुम्हारा हृदय कितना कठोर है, जो केवल मक्खन के लिए सुकोमल कन्हैया को ऊखल से बाँध दिया है। ऋषि, मुनि और देवताओं के लिए भी जो संपत्ति दुर्लभ है वह महान् निधि तुम्हें घर बैठे मिल गई। इसलिए तुम गर्व में सबकुछ भूल गई हो। जो तीनों लोकों में व्याप्त हैं, वेद भी जिनकी थाह नहीं पा सके, उस परब्रह्म को तुमने आँगन में चुटकी बजाकर नचाया। जब तुम्हारा पुत्र नहीं था, तब किसी के भी पुत्र को गले से लगा लेती थीं। लेकिन आज अपने पुत्र के प्रति ही इतनी निष्ठुर हो गई हो। देखो, श्याम कैसे आँखों में आँसू भरकर देख रहा है। तुम्हें शपथ है, इसे इसी समय खोल दो। सूरदास कहते हैं कि जो देवताओं के पालनहार हैं, असुरों को पीड़ा देनेवाले हैं, तीनों लोक जिनसे भयभीत रहते हैं, उन प्रभु की यह लीला अत्यंत अद्भुत है। 'नेति-नेति' (जिसका न आदि है और न ही अंत है) कहकर वेद भी नित्य इनका गान करते हैं।

एतौ कियौ कहा री मैया?
कौन काज धन दूध-दही यह, छोभ करायौ कन्हैया॥
आईं सिखवन भवन पराऐं स्यानि ग्वालि बौरैया।
दिन-दिन देन उरहनौ आवतिं ढुकि-ढुकि करतिं लरैया॥
सूधी प्रीति न जसुदा जानै, स्याम सनेही गवैयाँ।
सूर स्यामसुंदरहिं लगानी, वह जानै बल भैया॥

कृष्ण को बँधे देख बलराम कहते हैं कि मैया! कन्हैया ने ऐसा कौन सा भयंकर अपराध किया है, जिसके लिए तुम इसे दंडित कर रही हो? यशोदा कहती हैं कि ये गोपियाँ आज बड़ी बुद्धिमान बनकर शिक्षा देने आई हैं, किंतु प्रतिदिन ये ही कन्हैया की शिकायत लगाकर झगड़ती थीं। सूरदास कहते हैं कि

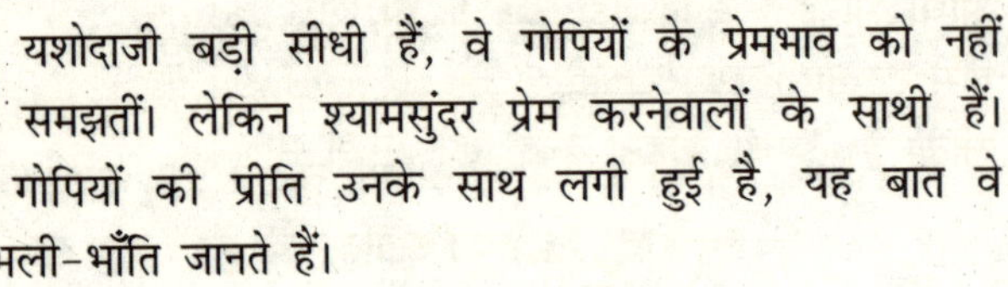

यशोदाजी बड़ी सीधी हैं, वे गोपियों के प्रेमभाव को नहीं समझतीं। लेकिन श्यामसुंदर प्रेम करनेवालों के साथी हैं। गोपियों की प्रीति उनके साथ लगी हुई है, यह बात वे भली-भाँति जानते हैं।

जसुदा तोहिं बाँधि क्यों आयौ।
कसक्यौ नाहिं नैकु मन तेरौ, यहै कोखि कौ जायौ॥
सिव-बिरंचि महिमा नहिं जानत, सो गाइनि सँग धायौ।
तातैं तू पहचानति नाहीं, कौन पुन्य तैं पायौ॥
कहा भयौ जो घर कैं लरिका, चोरी माखन खायौ।
इतनी कहि उकसारत बाहैं, रोष सहित बल धायौ॥
अपनैं कर सब बंधन छोरे, प्रेम सहित उर लायौ।
सूर सुबचन मनोहर कहि-कहि, अनुज-सूल बिसरायौ॥

बलराम पुनः कहते हैं कि मैया, तुमसे कन्हैया को बाँधा कैसे गया? ऐसा करते समय तुम्हारे हृदय में तनिक भी पीड़ा नहीं हुई? यह तुम्हारे गर्भ से उत्पन्न हुआ है। शिव और ब्रह्मा भी जिसके माहात्म्य को नहीं जानते, वही प्रेमवश तुम्हारी गायें चराता है। इसलिए तुम इसे नहीं पहचानतीं। यह पिछले जन्म का कोई पुण्य है, जो तुमने पुत्र रूप में इसे पाया है। यदि इसने किसी के घर से मक्खन चुराकर खा लिया तो इसमें कौन सी बड़ी बात है? यह कहकर बलराम ने कन्हैया के बंधन खोल दिए और उन्हें हृदय से लगा लिया। सूरदास कहते हैं कि मीठी-मीठी बातें कर उन्होंने भाई की पीड़ा दूर कर दी।

मोहन! हौं तुम ऊपर वारी।
कंठ लगाइ लिये मुख चूमति, सुंदर स्याम बिहारी॥
काहे कौं ऊखल सौं बाँध्यौ, कैसी मैं महतारी।
अतिहिं उतंग बयारि न लागत, क्यौं टूटे तरु भारी॥
बारंबार बिचारति जसुमति, यह लीला अवतारी।
सूरदास स्वामी की महिमा, कापै जाति बिचारी॥

पुत्र को देखकर यशोदा के हृदय में प्रेम उमड़ आया। फिर उन्हें गले से लगाकर वह उनका मुख चूमने लगीं और प्रेमवश कहने लगीं कि मैंने क्यों जरा सी बात के लिए तुम्हें ऊखल से बाँध दिया? मैं कितनी निष्ठुर हूँ। यशोदा बार-बार यही सोच रही हैं कि ये वृक्ष इतने विशाल और शक्तिशाली थे कि

आँधी भी इन्हें झुका नहीं सकती थी। ऐसे भारी वृक्ष भला कैसे टूट गए? सूरदास कहते हैं कि मेरे स्वामी की यह अद्‌भुत लीला है। उनकी महिमा कोई नहीं समझ सकता।

धेनु दुहत हरि देखत ग्वालनि।
आपुन बैठि गए तिन कैं सँग, सिखवहु मोहि कहत गोपालनि॥
काल्हि तुम्हैं गो दुहन सिखावैं, दुहीं सबै अब गाइ।
भोर दुहौ जनि नंद-दुहाई, उन सौं कहत सुनाइ॥
बड़ौ भयौ अब दुहत रहौंगौ, अपनी धेनु निबेरि।
सूरदास प्रभु कहत सौंह दै, मोहिं लीजो तुम टेरि॥

एक दिन गोपों को गायें दुहते देखकर श्याम भी उनके साथ बैठ गए और उनसे कहने लगे कि मुझे भी दूध दुहना सिखा दो। गोपों ने कहा कि इस समय तो सभी गायें दूध दे चुकी हैं, हम कल तुम्हें गाय दुहना सिखलाएँगे। तब श्याम बोले कि तुम सबको नंद बाबा की शपथ है। सवेरे तुम नहीं, मैं दूध दुह लूँगा। सूरदास कहते हैं कि मेरे स्वामी शपथ देकर गोपों से उन्हें पुकारने को कह रहे हैं।

आज मैं गाइ चरावन जैहौं।
बृंदाबन के भाँति-भाँति फल अपने कर मैं खैहौं॥
ऐसी बात कहौ जनि बारे, देखो अपनी भाँति।
तनक-तनक पग चलिहौ कैसें, आवत ह्वैहै राति॥
प्रात जात गैया लै चारन, घर आवत हैं साँझ।
तुम्हरौ कमल-बदन कुम्हिलैहै, रेंगत घामहिं माँझ॥
तेरी सौं मोहिं घाम न लागत, भूख नहीं कछु नेक।
सूरदास-प्रभु कह्यौ न मानत, पर्‌यौ आपनी टेक॥

प्रात:काल श्यामसुंदर कहते हैं कि आज से मैं गाय चराने जाऊँगा तथा वृंदावन के फलों को तोड़कर खाया करूँगा। माता यशोदा उन्हें समझाते हुए कहती हैं कि मेरे लाल, ऐसी बात मत करो। अभी तुम्हारे पैर छोटे-छोटे हैं। इनसे वन में कैसे चलोगे? और फिर घर लौटने में रात्रि हो जाएगी। गोप सवेरे गायें चराने ले जाते हैं और संध्या तक लौट आते हैं। दिन भर धूप में घूमने से कमल के समान तुम्हारा मुख मुरझा जाएगा। तब श्याम उन्हें शपथ देते हुए बोले कि मुझे न तो धूप लगती है और न ही

भूख। सूरदास कहते हैं कि मेरे स्वामी ने हठ पकड़ ली है, इसलिए वे किसी की बात नहीं सुनते।

चले अब गाइ चरावन ग्वाल।
हेरी-टेर सुनत लरिकनि के, दौरि गए नँदलाल॥
फिरि इत-उत जसुमति जो देखै, दृष्टि न परै कन्हाई।
जान्यौ जात ग्वाल सँग दौर्‌यौ, टेरति जसुमति धाई॥
जात चल्यौ गैयनि के पाछें, बलदाऊ कहि टेरत।
पाछैं आवति जननी देखी, फिरि-फिरि इत कौं हेरत॥
बल देख्यौ मोहन कौं आवत, सखा किए सब ठाढ़े।
पहुँची आइ जसोदा रिस भरि, दोउ भुज पकरे गाढ़े॥
हलधर कह्यौ जान दै मो सँग, आवहिं आज सवारे।
सूरदास बल सौं कहै जसुमति, देखे रहियौ प्यारे॥

सब गोप-बालक गायें चराने चल पड़े। बालकों द्वारा गायों को पुकारते ही नंद-नंदन भी दौड़ पड़े। यशोदा ने इधर-उधर देखा, लेकिन कन्हैया कहीं भी दिखाई नहीं दिए। श्याम गोप-बालकों के साथ वन की ओर जा रहे हैं, यह जानकर यशोदा भी उनके पीछे दौड़ पड़ीं। साथ-ही-साथ उन्होंने बलराम को भी कन्हैया को रोकने के लिए कहा। माता को पीछे आते देखकर श्याम ने बार-बार उधर की ओर देखा। श्याम को देखकर बलराम सखाओं के साथ खड़े हो गए। तभी यशोदाजी पहुँच गईं और श्याम के हाथ पकड़ लिये। तब बलराम ने कहा कि इसे मेरे साथ जाने दो। हम शीघ्र लौट आएँगे। सूरदास कहते हैं कि माता यशोदा ने बलराम को कन्हैया को सँभालकर रखने के लिए कहा।

बहुतै दुख हरि सोइ गयौ री।
साँझहि तैं लाग्यौ इहि बातहिं, क्रम-क्रम बोधि लयौ री॥
एक दिवस गयौ गाइ चरावन, ग्वालनि संग सबारै।
अब तौ सोइ रह्यौ है कहि कै, प्रातहिं कहा बिचारै॥
यह तौ सब बलरामहिं लागै, सँग लै गयौ लिवाइ।
सूर नंद यह कहत महरि सौं, आवन दै फिर धाइ॥

माता यशोदा कहती हैं कि सखी! श्याम दुःखी होकर सो गया है। शाम से ही वह गाय चराने की धुन में लगा हुआ था। मैंने जैसे-तैसे करके उसे समझाया है। एक दिन प्रातःकाल ही यह गोप-बालकों के साथ गाय चराने चला

गया था। अब तो कल भी जाने की बात कहकर सो गया है। पता नहीं सुबह क्या हठ करेगा? बलराम भी इसे अपने साथ ले गया था। सूरदास कहते हैं कि श्रीनंदजी ने भी यशोदा से कहा कि उसे चले जाने दिया करो।

अति आनंद भए हरि धाए।
टेरत ग्वाल-बाल सब आवहु, मैया मोहि पठाए॥
उत तैं सखा हँसत सब आवत, चलहु कान्ह! बन देखहिं।
बनमाला तुम कौं पहिरावहिं, धातु-चित्र तनु रेखहिं॥
गाइ लईं सब घेरि घरनि तैं, महर गोप के बालक।
सूर स्याम चले गाइ चरावन, कंस उरहि के सालक॥

माता यशोदा द्वारा अनुमति मिलने पर श्याम हर्षित होकर गोप-बालकों को पुकारते हुए कहने लगे कि मैया ने मुझे गायें चराने के लिए भेज दिया है। आओ, हम सब मिल-जुल वन की ओर चलें। यह सुनकर सभी सखा भी हँसते हुए आ गए और कहने लगे कि कन्हैया, चलो, हम वन देखेंगे। वहाँ तुम्हें वनमाला पहनाएँगे तथा वन-धातुओं की रेखाओं से तुम्हारे शरीर पर चित्र अंकित करेंगे। फिर गोप-बालकों ने गायों को एकत्रित कर लिया और वन की ओर चल पड़े। सूरदास कहते हैं कि कंस को पीड़ा देनेवाले ब्रजराज नंद के पुत्र गायें चराने लगे।

बन पहुँचत सुरभी लइँ जाइ।
जैहौ कहा सखनि कौं टेरत, हलधर संग कन्हाइ॥
जेंवत परखि लियौ नहिं हम कौं, तुम अति करी चँड़ाइ।
अब हम जैहैं दूरि चरावन, तुम सँग रहै बलाइ॥
यह सुनि ग्वाल धाइ तहँ आए, स्यामहि अंकम लाइ।
सखा कहत यह नंद-सुवन सौं, तुम सबके सुखदाइ॥
आजु चलौ बृंदाबन जैऐ, गैयाँ चरैं अघाइ।
सूरदास-प्रभु सुनि हरषित भए, घर तैं छाँक मँगाइ॥

वन में पहुँचकर उन्होंने गायों को घेर लिया। फिर बलराम के साथ कन्हैया सखाओं को पुकारने लगे कि तुम लोगों ने भोजन के समय हमारी प्रतीक्षा नहीं की। अब हम गायें चराने दूर जाएँगे; तुम्हारे साथ नहीं रहेंगे। यह सुनकर गोप-बालक दौड़े आए और श्यामसुंदर को गले से लगाकर कहने लगे कि

तुम सभी को सुख देने वाले हो। चलो, आज वृंदावन चले। वहाँ गायों के लिए भरपूर भोजन है। सूरदास के स्वामी यह सुनकर प्रसन्न हो गए और उन्होंने घर से दोपहर का भोजन मँगवा लिया।

हरि आवत गाइनि के पाछे।
मोर-मुकुट मकराकृति कुंडल, नैन बिसाल कमल तैं आछे॥
मुरली अधर धरन सीखत हैं, बनमाला पीतांबर काछे।
ग्वाल-बाल सब बरन-बरन के, कोटि मदन की छवि किए पाछे॥
पहुँचे आइ स्याम ब्रज पुर मैं, घरहिं चले मोहन-बल आछे।
सूरदास-प्रभु दोउ जननी मिलि, लेति बलाइ बोलि मुख बाछे॥

संध्या समय गायों को हाँकते हुए पीछे-पीछे श्रीकृष्ण गोकुल में प्रविष्ट हो रहे हैं। उनके सिर पर मोरपंख का मुकुट, कानों में मकर की आकृतिवाले कुंडल, गले में वनमाला, होंठों पर वंशी तथा कंधे पर पीतांबर सुशोभित है। उनके साथ गोप-बालक विभिन्न रंगों से युक्त हैं तथा कामदेव के सौंदर्य को भी चुनौती दे रहे हैं। श्यामसुंदर ब्रज में पहुँच गए। फिर वे बलराम सहित अपने घर चले गए। सूरदास के स्वामी से यशोदा एवं रोहिणी मिलीं और उन्हें गले से लगाकर बलैयाँ लेने लगीं।

मैया! हौं न चरैहौं गाइ।
सिगरे गवाल घिरावत मोसौं, मेरे पाइ पिराइ॥
जौ न पत्याहि पूछि बलदाउहि, अपनी सौंह दिवाइ।
यह सुनि माइ जसोदा ग्वालनि, गारी देति रिसाइ॥
मैं पठवति अपने लरिका कौं, आवै मन बहराइ।
सूर स्याम मेरौ अति बालक, मारत ताहि रिंगाइ॥

श्यामसुंदर कहते हैं कि मैया, सभी गोप मुझसे ही गायें चरवाते हैं। दौड़ते-दौड़ते मेरे पैर भी थक जाते हैं। इसलिए मैं गायें नहीं चराऊँगा। यदि तुम्हें मेरी बात पर विश्वास न हो तो बलराम भैया से पूछ लो। सूरदास कहते हैं कि यह सुनकर यशोदा रुष्ट होकर ग्वालों को डाँटते हुए बोलीं कि मैं अपने लाल को इसलिए भेजती हूँ कि उसका मन बहल जाए। लेकिन तुम उसे दौड़ा-दौड़ाकर थका डालते हो।

सुनि मैया मैं तो पय पीवौं, मोहि अधिक रुचि आवै री।
आजु सबारैं धेनु दुही मैं, वहै दूध मोहि प्यावै री॥
और धेनु कौ दूध न पीवौं, जो करि कोटि बनावै री।
जननी कहति दूध धौरी कौ, पुनि-पुनि सौंह करावै री॥
तुम तैं मोहि और को प्यारौ, बारंबार मनावै री।
सूर स्याम कौं पय धौरी कौ माता हित सौं ल्यावै री॥

श्याम बोले, मैया! मैं तभी दूध पिऊँगा, जब तुम मुझे उस गाय का दूध पिलाओगी जिसे मैंने आज सुबह ही दुहा था। उसका दूध ही मुझे अत्यंत रुचिकर लगेगा। उसके अतिरिक्त मैं किसी का दूध नहीं पिऊँगा। तब यशोदा कहती हैं कि यह उसी गाय का दूध है। लेकिन कृष्ण उनसे बार-बार शपथ करवाते हैं। माता यशोदा उन्हें मनाती हैं कि तुमसे अधिक प्रिय मुझे कौन है, जिसके लिए मैं वह दूध रखूँगी। यह उसी गाय का दूध है। सूरदास कहते हैं कि माता बड़े प्रेम से कृष्ण के लिए धवला गाय का दूध लाती हैं।

चले बन धेनु चारन कान्ह।
गोप-बालक कछु सयाने, नंद के सुत नान्ह॥
हरष सौं जसुमति पठाए, स्याम-मन आनंद।
गाइ गो-सुत गोप बालक, मध्य श्रीनँद-नंद॥
सखा हरि कौं यह सिखावत, छाँड़ि जिनि कहुँद जाहु।
सघन बृंदाबन अगम अति, जाइ कहुँ न भुलाहु॥
सूर के प्रभु हँसत मन मैं, सुनत हीं यह बात।
मैं कहूँ नहिं संग छाँड़ौं, बनहिं बहुत डरात॥

कन्हैया सखाओं के साथ वन में गायें चराने जा रहे हैं। नंद-नंदन सबसे छोटे हैं, जबकि गोप-बालक उनसे कुछ बड़े हैं। इसलिए यशोदाजी ने प्रसन्न होकर श्याम को उनके साथ वन में भेज दिया। गायों, बछड़ों और गोपों के बीच में श्रीनंद-नंदन शोभायमान हैं। सखा बार-बार श्याम से कह रहे हैं कि हमें छोड़कर कहीं मत जाना, हमारे साथ-साथ ही रहना; क्योंकि वृंदावन बहुत गहरा और अगम्य है। सूरदास के स्वामी उनकी बातें सुनकर मन-ही-मन हँस रहे हैं और कहते हैं कि वन से मुझे बहुत डर लगता है। इसलिए मैं तुम्हारा साथ कभी नहीं छोड़ूँगा।

□

रामचरित

मंगलाचरण

हरि-हरि, हरि-हरि सुमिरन करौ। हरि-चरनारबिंद उर धरौ॥
जय अरु बिजय पारषद दोइ। बिप्र-सराप असुर भए सोइ॥
एक बराह-रूप धरि मार्‌यौ। इक नरसिंह-रूप संहार्‌यौ॥
रावन-कुंभकरन सोइ भए। राम जनम तिन कैं हित लए॥
दसरथ नृपति अजोध्या-राव। ताके गृह कियौ आबिरभाव॥
नृप सौं ज्यौं सुकदेव सुनायौ। 'सूरदास' त्यौं ही कहि गायौ॥

श्रीहरि की स्तुति करते हुए सूरदास कहते हैं कि हे प्राणी! हरि-हरि का सुमिरन करते हुए भगवान् श्रीहरि के चरण-कमलों को हृदय में धारण करो। भगवान् विष्णु के जय और विजय नामक दो द्वारपाल थे, जो हिरण्याक्ष और हिरण्यकशिपु नाम से दैत्य योनि में उत्पन्न हुए। भगवान् श्रीहरि ने ही वाराह रूप धारण करके हिरण्याक्ष का तथा नृसिंह रूप धारण कर हिरण्यकशिपु का संहार किया। फिर वे रावण और कुंभकर्ण के रूप में उत्पन्न हुए। उनके उद्धार के लिए श्रीविष्णु ने श्रीराम का अवतार धारण कर अयोध्या के राजा दशरथ के घर पुत्र रूप में उत्पन्न हुए थे। मुनि शुकदेव ने राजा परीक्षित को जिस प्रकार यह प्रसंग सुनाया, सूरदास ने उसी प्रकार उसका गान किया है।

बालकांड

आजु दसरथ कें आँगन भीर।
ये भू-भार उतारन कारन, प्रगटे स्याम-सरीर॥
फूले फिरत अजोध्या-बासी, गनत न त्यागत चीर।

परिरंभन हँसि देत परसपर, आनँद नैननि नीर॥
त्रिदस-नृपति, रिषि ब्यौम-बिमाननि देखत रह्यौ न धीर।
त्रिभुवन-नाथ दयालु दरस दे, हरी सबनि की पीर॥
देत दान राख्यौ न भूप कछु, महा बड़े नग हीर।
भए निहाल 'सूर' सब जाचक, जे जाँचे रघुबीर॥

राम-जन्म की घड़ी का वर्णन करते हुए सूरदास कहते हैं कि आज राजा दशरथ के आँगन में लोगों की भीड़ है, क्योंकि उनके घर पापियों का उद्धार करने वाले भगवान् राम प्रकट हुए हैं। राम-जन्म के आनंद में डूबे हुए अयोध्यावासियों को किसी बात का ध्यान नहीं है। वे परस्पर एक-दूसरे को गले लगाकर हर्षित हो रहे हैं तथा नेत्रों से आँसू बहा रहे हैं। आकाश से इस दृश्य को देखनेवाले देवराज इंद्र और ऋषि-मुनिगण के हृदय भी धैर्यहीन हो गए हैं। तीनों लोकों के स्वामी ने दर्शन देकर समस्त लोगों के कष्ट हर लिये हैं। इस अवसर पर राजा दशरथ ने बहुमूल्य मणि-रत्न आदि सबकुछ दान कर दिया। सूरदास कहते हैं कि जिन्होंने रघुवीर से याचना की, वे सदा के लिए तृप्त हो गए।

पुष्य नछत्र, नौमी जु परम दिन, लगन सुद्ध, सुभ बार।
प्रगट भए दसरथ-गृह पूरन, चतुर्ब्यूह अवतार॥
तीनौं ब्यूह संग लै प्रगटे, पुरुषोत्तम श्रीराम।
संकर्षन-प्रद्युम्न, लच्छमन-भरत महासुख-धाम॥
शत्रुघ्नहि अनिरुध कहियतु हैं, चतुर्ब्यूह निज रूप।
रामचंद्र प्रगटे जब गृह मैं, हरषे कौसल-भूप॥
अति फूले दसरथ मन हीं मन, कौसल्या सुख पायौ।
सौमित्रा-केकइ-मन आनँद, यह सबहिन सुत जायौ॥
गुरु बसिष्ठ नारद मुनि ज्ञानी, जन्मपत्रिका कीनी।
रामचंद्र बिख्यात नाम यह, सुर-मुनि की सुध लीनी॥
देत दान नृपराज दुजन कौं, सुरभी हेम अपार।
सब सुंदरि मिलि मंगल गावत, कंचन-कलस दुवार॥
आए देव और मुनिजन सब, दै असीस सुख भारी।
अपने-अपने धाम चले सब, परम मोद रुचिकारी॥
मनबांछित फल सबहिन पाए, भयौ सबन आनंद।
बालरूप ह्वै कै दसरथ-सुत, करत केलि स्वच्छंद॥

पुष्य नक्षत्र, पावन नवमी तिथि, शुद्ध लग्न अर्थात् अभिजित् मुहूर्त और शुभ दिन मंगलवार—इसी शुभ समय महाराज दशरथ के घर भगवान् श्रीहरि चतुर्व्यूह रूप में प्रकट हुए। चतुर्व्यूह के संकर्षण लक्ष्मण हैं, महान् सुखों के धाम प्रद्युम्न भरत कहलाए तथा अनिरुद्ध का नाम शत्रुघ्न पड़ा। श्रीराम जब प्रकट हुए थे, तब राजा दशरथ अत्यंत प्रसन्न हुए तथा कौशल्या को असीमित सुख मिला। सुमित्रा और कैकेयी भी आनंदित थीं, क्योंकि तीनों रानियों को एक ही दिन पुत्र प्राप्त हुए थे। कुलगुरु वसिष्ठ और देवर्षि नारद ने राजकुमारों की जन्मपत्रिका बनाई। उन्होंने कहा कि राजा दशरथ का बड़ा पुत्र राम के नाम से संसार में प्रसिद्ध होगा। देवताओं और मुनियों के संकट हरने के लिए इन्होंने जन्म लिया है। यह सुनकर राजा दशरथ ब्राह्मणों और निर्धनों को भरपूर दान देने लगे। सौभाग्यवती स्त्रियाँ मंगलगान गाने लगीं। फिर समस्त देवगण और ऋषि-मुनिगण कुमारों को आशीर्वाद देकर अपने-अपने धाम चले गए। सभी ने मनोवांछित फल प्राप्त किए। इस प्रकार चारों भाई राजा दशरथ के घर बाल रूप में स्वच्छंद बाल-क्रीड़ा करने लगे।

शर-क्रीड़ा

करतल सोभित बान-धनुहियाँ।
खेलत फिरत कनकमय आँगन, पहिरें लाल पनहियाँ॥
दसरथ-कौसिल्या के आगें, लसत सुमन की छहियाँ।
मानौ चारि हंस सरबर तें बैठे आइ सदेहियाँ॥
रघुकुल-कुमुद-चंद चिंतामनि, प्रगटे भूतल महियाँ।
आए ओप दैन रघुकुल कौं, आनँद-निधि सब कहियाँ॥
यह सुख तीनि लोक मैं नाहीं, जो पाए प्रभु पहियाँ।
'सूरदास' हरि बोलि भक्त कौं, निरबाहत गहि बहियाँ॥

चारों राजकुमारों के हाथों में छोटे-छोटे धनुष-बाण सुशोभित हैं। चरणों में लाल रंग की जूतियाँ पहने वे राजा दशरथ के आँगन में खेल रहे हैं। राजा दशरथ और रानी कौशल्या के सामने चारों राजकुमार ऐसे लग रहे हैं मानो चार राजहंस सरोवर में से निकलकर सशरीर बैठे हों। रघुकुल रूपी कुमुदिनी के लिए चंद्रमा के समान हर्ष-प्रदायक तथा सभी की इच्छाएँ पूर्ण करनेवाले श्रीराम पृथ्वी पर अवतरित हुए हैं।

धनुष-भंग, पाणिग्रहण

ललित गति राजत अति रघुबीर।
नरपति-सभा-मध्य मनौ ठाढ़े, जुगल हंस मतिधीर॥
अलख अनंत अपरिमित महिमा, कटि-कट कसे तुनीर।
कर धनु काकपच्छ सिर सोभित, अंग-अंग दोउ बीर॥
भूषन बिबिध बिसद अंबर जुत, सुंदर स्याम सरीर।
देखत मुदित चरित्र सबै सुर, ब्यौम बिमाननि भीर॥
प्रमुदित जनक निरखि मुख-अंबुज, प्रगट नैन मधि नीर।
तात कठिन प्रन जानि जानकी, आनति नहिं उर धीर॥
करुनामय अब चाप लियौ कर, बाँधि सुदृढ़ कटि-चीर।
भूभृत-सीस नमित जो गर्बगत, पावक सींच्यौ नीर॥
डोलत महि अधीर भयौ फनिपति, कूरम अति अकुलान।
दिग्गज चलित, खलित मुनि-आसन, इंद्रादिक भय मान॥
रबि मग तज्यौ तरकि ताके हय, उत्पथ लागे जान।
सिव-बिरंचि ब्याकुल भए धुनि सुनि, तब तोर्‍यौ भगवान॥
भंजन-सब्द प्रगट अति अद्‌भुत, अष्ट दिसा नभ पूरि।
स्त्रवन-हीन सुनि अष्टकुल नाग गरब भय चूरि॥
इष्ट-सुरनि बोलत नर तिहि सुनि, दानव-सुर बड़ सूर।
मोहित बिकल जानि जिय सबही, महाप्रलय कौ मूर॥
पानिग्रहन रघुबर बर कीन्ह्यौ, जनकसुता सुख दीन।
जय-जय धुनि सुनि करत अमरगन, नर-नारी लवलीन॥
दुष्टनि दुख, सुख संतनि दीन्हौ, नृप-ब्रत पूरन कीन।
रामचंद्र-दसरथहि बिदा करि 'सूरदास' रस-भीन॥

इस पद में धनुष-भंग से लेकर राम-विवाह तक का वर्णन करते हुए सूरदास कहते हैं कि श्रीराम और लक्ष्मण अपनी सुंदर चाल के कारण सभा में अद्‌भुत शोभा पा रहे हैं। राजाओं की सभा में वे धीर बुद्धि इस प्रकार खड़े हैं, मानो दो हंस खड़े हों। उन अनंत और अपार माहात्म्यवाले दोनों भाइयों के कंधों पर तरकस बँधे हुए हैं तथा हाथों में धनुष सुशोभित हैं। उनके सभी अंग शोभामय हैं। उनके शरीर पर विभिन्न आभूषण एवं निर्मल वस्त्र सुशोभित हैं। देवगण उनकी लीलाओं को देखकर आनंदित हो रहे हैं। श्रीराम के मुख को

देखकर राजा जनक आनंदमग्न हो रहे हैं, उनके नेत्रों में आँसू भर आए। किंतु धनुष-भंग की प्रतिज्ञा को याद कर श्रीजानकी अधीर हो रही हैं। उनकी दशा को देखकर जब भगवान् राम ने दृढ़तापूर्वक धनुष उठा लिया, तब सभा में उपस्थित समस्त राजाओं के मस्तक इस प्रकार झुक गए मानो जल द्वारा सींचे जाने पर अग्नि की लपटें शांत हो गई हों। पृथ्वी काँपने लगी, शेषनाग अधीर हो गए, कूर्मदेव व्याकुल हो गए, दिग्गजों के स्थान डगमगा गए, मुनियों के आसन हिल गए तथा इंद्रादि देवता प्रलय के भय से भयभीत हो गए। धनुष की टंकार सुनकर शिव और ब्रह्मा भी व्याकुल हो गए। फिर भगवान् राम ने देखते-ही-देखते धनुष तोड़ दिया। धनुष-भंग होते ही समस्त दिशाओं में अद्‌भुत शब्द गूँज उठा। नागों के आठ कुल उस गर्जन को सुनकर बहरे हो गए; मनुष्य रक्षा के लिए अपने-अपने देवताओं को पुकारने लगे, देव और दानव भी महाप्रलय का आरंभ समझकर भयभीत हो गए। धनुष-भंग के बाद भगवान् राम ने सीताजी से विवाह कर उन्हें सुख प्रदान किया। चारों ओर 'जय हो' का उद्‌घोष होने लगा। जनकपुर में लोग आनंदित होकर उत्सव मनाने लगे। भगवान् राम ने धनुष तोड़कर जनक की प्रतिज्ञा पूर्ण की। विवाह के बाद राजा जनक ने श्रीराम और राजा दशरथ को बारात के साथ विदा किया।

श्रीराम एवं माता का संवाद

सुनि सुत स्याम राम कहाँ जैहौ।
रहि चरननि लपटाय जननि दोउ, निरखि बदन पाछैं पछितैहौ॥
कोमल कमल सुभग सुंदर पद तरनि-तेज ग्रीषम दुख पैहौ।
जिन बिन छिन न बिहात बिलोकत, कैसैं चौदस बरस बितैहौ॥
चंपक कुसुम बिसेष बरन तन, बिपति मानि तृन-सेज बिछैहौ।
अति अनूप आनन रसना धरि कैसैं जठर मूल-फल खैहौ॥
तजि मन मोह ईस-अभरन सजि, गिरि-कंदर जानकी बसैहौ।
फाटत नहीं बज्र की छतिया, अब मोहि नाथ अनाथ कहैहौ॥
कहा अपराध किए कौसल्या, पुत्र-बिछोह दुसह दुख दैहौ।
सूर-स्याम भुज गहैं समझावत, तुम जननी मम कृतहि बटैहौ॥

इस पद में सूरदास ने माता कौशल्या और श्रीराम के बीच के संवाद का वर्णन किया है। श्रीराम के चरणों से लिपटकर कौशल्या और सुमित्रा रोते हुए

कहती हैं कि हे पुत्र! हमें छोड़कर तुम कहाँ जाओगे? अब हमारे अधिक जीवित रहने की आशा नहीं है। इसलिए बाद में पश्चात्ताप करोगे कि माताओं के दर्शन नहीं कर सके। हे राम! तुम्हारे चरण कमल के समान सुकोमल हैं, सूर्य की प्रचंड गरमी से तप्त भूमि पर चलने से ये झुलस जाएँगे। जिन माताओं को देखे बिना तुम एक पल भी नहीं रह सकते, उनके बिना चौदह वर्ष किस प्रकार व्यतीत करोगे? पुत्र! तुम्हारा शरीर चंपा के फूल की तरह है; वन की विपत्तियों को झेलते हुए तथा तिनकों की शय्या पर सोने से यह छलनी हो जाएगा। इस मधुरभाषी मुख से वन के कसैले और कड़वे फल किस प्रकार खाओगे? जिस जानकी की देह सुंदर आभूषणों से सुसज्जित है, उसे भस्म ये सेजाकर पर्वत की गुफा में रहोगे? हे राम! सनाथ होते हुए भी तुम अनाथ के समान वन-वन भटकोगे। इस कौशल्या से कौन सा अपराध हुआ है, जो उसे पुत्र-वियोग का दुःख दोगे? सूरदास कहते हैं कि तब राम ने माताओं को समझाया कि मेरे कर्मों के फल के कारण ही आपको यह भयंकर दुःख भोगना पड़ रहा है। लेकिन इससे मेरा कष्ट बँट जाएगा और मुझे कम दुःख भोगना पड़ेगा। अतः आप धैर्य रखें।

केवट विनय

मेरी नौका जनि चढ़ौ त्रिभुवनपति राई।
मो देखत पाहन तरे, मेरी काठ की नाई॥
मैं खेई ही पार कौं, तुम उलटि मँगाई।
मेरौ जिय यौं ही डरै, मति होहि सिलाई॥
मैं निरबल, बित-बल नहीं, जो और गढ़ाऊँ।
मो कुटुंब याही लग्यौ, ऐसी कहँ पाऊँ॥
मैं निरधन, कछु धन नहीं, परिवार घनेरौ।
समर-ढाकहि काटि कै, बाँधौं तुम बेरौ॥
बार-बार श्रीपति कहैं, धीवर नहिं मानै।
मन प्रतीति नहिं आवई, उड़िबौ ही जानै।
नेरैं ही जलथाह है, चलौ तुम्हें बताऊँ।
'सूरदास' की बीनती, नीकैं पहुँचाऊँ॥

जब श्रीराम नौका पर चढ़ने लगे तब केवट हाथ जोड़कर विनती करते हुए बोला कि हे प्रभु! आपके चरणों के स्पर्श मात्र से पत्थर की मूर्ति सजीव

हो गई। यह नौका लकड़ी की बनी हुई है, अतः आप इस पर न चढ़ें। मैंने उस पार जाने के लिए इसे खेना आरंभ किया था। लेकिन आपने इसे यहाँ मँगवा लिया। कहीं मेरी नौका की भी शिला जैसी दशा न हो जाए, मेरा हृदय यही सोचकर भयभीत हो रहा है। मैं निर्बल हूँ, धनहीन हूँ, इसलिए नई नौका नहीं बनवा सकता। यदि आपको गंगा पार जाना है तो मैं सेमर और ढाक की डालियाँ काटकर आपके लिए एक बेड़ा बाँध देता हूँ। श्रीराम बार-बार केवट से अनुरोध कर रहे हैं, किंतु वह उनकी बात नहीं मानता। सूरदास कहते हैं कि उसने कहा, हे प्रभु! पास ही पैदल चलकर पार करने योग्य जल है। मैं आपको वहाँ ले चलता हूँ। मैं वहीं से आपको पार पहुँचा देता हूँ।

दशरथ तन-त्याग

तात-बचन रघुनाथ माथ धरि, जब बन गौन कियौ।
मंत्री गयौ फिरावन रथ लै, रघुबर फेरि दियौ॥
भुजा छुड़ाइ तोरि तृन ज्यों हित, कियौ प्रभु निठुर हियौ।
यह सुनि भूप तुरत तनु त्याग्यौ, बिछुरन-ताप-तयौ॥
सुरति-साल-ज्वाला उर अंतर, ज्यौं पावकहि पियौ।
इहिं बिधि बिकल सकल पुरबासी, नाहिन चहत जियौ॥
पसु-पंछी तृन-कन त्याग्यौ, अरु बालक पियौ न पयौ।
'सूरदास' रघुपति के बिछुरैं, मिथ्या जनम भयौ॥

पिता की आज्ञा मानकर जब भगवान् राम वन की ओर चल पड़े, तब मंत्री सुमंत्र रथ लेकर उन्हें लेने गए। लेकिन श्रीराम ने उन्हें समझा-बुझाकर अयोध्या लौटा दिया। सुमंत्र ने लौटकर राजा दशरथ से कहा कि श्रीराम ने अपना हृदय निष्ठुर बनाकर मेरी प्रार्थना अस्वीकार कर दी और हाथ छुड़ाकर चले गए। यह सुनकर दशरथ ने वियोग से तप्त होकर उसी क्षण प्राण त्याग दिए। श्रीराम के वियोग में अयोध्यावासी व्याकुल होकर प्राण त्यागने के लिए तत्पर हो गए, उनके हृदय वियोग रूपी अग्नि से जलने लगे। पशुओं ने चारा खाना छोड़ दिया, पक्षियों ने दाने चुगने त्याग दिए, शिशुओं ने दूध का त्याग कर दिया। सूरदास कहते हैं कि श्रीराम के वियोग से जीवन व्यर्थ हो गया।

भ्रात-मुख निरखि राम बिलखाने।
मुंडित केस सीस बिहबल दोउ, उमँगि कंठ लपटाने॥

तात-मरन सुनि स्रवन कृपानिधि, धरनि परे मुरझाइ।
मोह-मगन लोचन जलधारा, बिपति न हृदय समाइ॥
लोटति धरनि परी सुनि सीता, समुझति नहिं समुझाई।
दारुन दुख दवारि ज्यौं तृन-बन, नाहिंन बुझति बुझाई॥
दुरलभ भयौ दरस दसरथ कौ, सौ अपराध हमारे।
'सूरदास' स्वामी करुनामय, नैन न जात उघारे॥

वन में भरत को आया देखकर श्रीराम रुदन करने लगे। दोनों भाइयों के मस्तक केश-मुंडित हो चुके थे। वे व्याकुलता के साथ श्रीराम के गले लिपट गए। पिता की मृत्यु का समाचार सुनकर राम मूर्च्छित होकर पृथ्वी पर गिर पड़े। शोक से उनके नेत्रों से आँसू बहने लगे, हृदय पीड़ा से भर उठा। इस समाचार ने जानकी को भी व्याकुल कर दिया था। वे धैर्यहीन होकर पृथ्वी पर गिरने लगीं। सूरदास कहते हैं कि शोक के आवेग से प्रभु के नेत्र बंद हो गए। वे यही सोच रहे थे कि मेरे किसी दोष के कारण ही पिता के दर्शन दुर्लभ हो गए।

जटायु-उद्धार

तुम लछिमन या कुंज-कुटी में देखौ जाइ निहारि।
कोउ इक जीव नाम मम लै-लै उठत पुकारि-पुकारि॥
इतनी कहत कंध तें कह गहि लीन्हौ धनुष सँभारि।
कृपानिधान नाम हित धाए, अपनी बिपति बिसारि॥
अहो बिहंग, कहौ अपनौ दुख, पूछत ताहि खरारि।
किहिं मति-मूढ़ हत्यौ तनु तेरौ, किधौं बिछोही नारि॥
श्रीरघुनाथ-रमनि, जग-जननी, जनक-नरेस-कुमारि।
ताकौ हरन कियौ दसकंधर, हौं तिहि लग्यौ गुहारि॥
इतनी सुनि कृपालु कोमल प्रभु, दियौ धनुष कर झारि।
मानौ 'सूर' ग्रान लै रावन गयो देह कौं डारि॥

सीता-हरण के बाद जब श्रीराम और लक्ष्मण उन्हें ढूँढ़ते हुए वन-वन भटक रहे थे कि सहसा उन्हें किसी का काँपता हुआ स्वर सुनाई दिया। वे लक्ष्मण से बोले कि इस लतामंडप के अंदर जाकर देखो, कोई जीव बार-बार मेरा नाम लेते हुए पुकार रहा है। इसके बाद श्रीराम ने कंधे से धनुष उतारकर हाथ में धारण कर लिया और स्वयं की विपत्ति भूलकर पुकारनेवाले

की रक्षा के लिए दौड़ पड़े। कुंज में उन्हें घायल जटायु दिखाई दिया। उन्होंने जटायु से इस दशा का कारण पूछा। तब जटायु ने कहा कि राक्षसराज रावण ने राजा जनक की पुत्री जानकी का हरण कर लिया है। पुकार सुनकर मैं उनकी रक्षा करने दौड़ा। इतना सुनकर श्रीराम ने धनुष फेंक दिया। सूरदास कहते हैं कि श्रीराम को ऐसा लगा मानो रावण शरीर यहीं फेंककर उनके प्राण हरकर ले गया, अर्थात् श्रीराम को जटायु का शरीर जानकीजी के समान प्रिय हो गया।

हनुमत्-राम संवाद

मिले हनु, पूछी प्रभु यह बात।
महा मधुर प्रिय बानी बोलत, साखामृग! तुम किहि के तात?
अंजनि कौ सुत केसरि के कुल, पवन-गवन उपजायौ गात।
तुम को बीर-नीर भरि लोचन, मीन हीनजल ज्यौं मुरझात?
दसरथ-सुत कोसलपुर-बासी, त्रिया हरी तातें अकुलात।
इहि गिरि पर कपिपति सुनियत है, बालि-त्रास कैसैं दिन जात॥
महादीन बलहीन विकल अति, पवन-पूत देखे बिलखात।
'सूर' सुनत सुग्रीव चले उठि, चरन गहे पूछी कुसलात॥

श्रीराम-हनुमान के मिलन का वर्णन करते हुए सूरदास कहते हैं कि हनुमान की मधुर वाणी सुनकर श्रीराम उनके पूछते हैं कि हे कपिवर! तुम कौन हो? किसके पुत्र हो? हनुमान अपना परिचय देते हुए कहते हैं कि मैं अंजना का पुत्र और वानरराज केसरी के कुल में पवनदेव की गति से उत्पन्न हुआ हूँ। आप कौन हैं? वीर होने पर भी नेत्रों में आँसू भरकर क्यों व्याकुल हो रहे हैं? श्रीराम ने कहा कि हे कपिवर! हम अयोध्या के राजा दशरथ के पुत्र हैं। हमारी पत्नी का हरण हो गया है; उसी के वियोग में हम व्याकुल हो रहे हैं। सुना है कि इस पर्वत पर बालि के भय से वानरराज सुग्रीव रहते हैं। हम उन्हीं के पास जा रहे हैं। सूरदास कहते हैं कि इस प्रकार हनुमानजी ने प्रभु को वियोग के दुःख से पीड़ित होकर विलाप करते देखा। सारा हाल जानकर सुग्रीव वहाँ आए और प्रभु के चरण पकड़कर उनकी कुशल-क्षेम पूछी।

सुंदरकांड

तब अंगद यह बचन कह्यौ।
को तरि सिंधु सिया-सुधि ल्यावै, किहिं बल इतौ लह्यौ ?
इतनौ बचन स्रवन सुनि हरष्यौ, हँसि बोल्यौ जमुवंत।
या दल मध्य प्रगट केसरि-सुत, जाहि नाम हनुमंत॥
वहै ल्याइहै सिय-सुधि छिन मैं, अरु आइहै तुरंत।
उन प्रताप त्रिभुवन कौ पायौ, वाके बलहि न अंत॥
जो मन करै एक बासर मैं, छिन आवै, छिन जाइ।
स्वर्ग-पताल माहिं गम ताकौ, कहियै कहा बनाइ॥
केतिक लंक उपारि बाम कर, लै आवै उचकाइ।
पवन-पुत्र बलवंत बज्र-तनु, कापै हटक्यौ जाइ॥
लियौ बुलाइ मुदित चित ह्वै कै, कह्यौ, तँबोलहि लेहु।
ल्यावहु जाइ जनक-तनया-सुधि, रघुपति कौं सुख देहु॥
पौरि-पौरि प्रति फिरौ बिलोकत, गिरि-कंदर-बन-गेहु।
समय बिचारि मुद्रिका दीजौ, सुनौ मंत्र सुत एहु॥
लियौ तँबोल माथ धरि हनुमत, कियौ चतुरगुन गात।
चढ़ि गिरि-सिखर सब्द इक उचर्‌यौ, गगन उठ्यौ आघात॥
कंपत कमठ-सेष-बसुधा नमभ, रवि-रथ भयौ उतपात।
मानौ पच्छ सुमेरहि लागे, उड्‌यौ अकासहिं जात॥
चक्रित सकल परस्पर बानर, बीच परी किलकार।
तहँ इक अद्‌भुत देखि निसिचरी, सुरसा मुख-बिस्तार॥
पवन-पुत्र मुख पैठि पधारे, तहाँ लगी कछु बार।
'सूरदास' स्वामी-प्रताप-बल, उतर्‌यौ जलनिधि पार॥

संपाति से माता जानकी का पता जानकर अंगद ने कहा कि समुद्र को पार कर जानकीजी का समाचार कौन लाएगा? इतनी शक्ति किसके पास है? तब जांबवंत प्रसन्न होकर बोले कि इस दल में परम शक्तिशाली हनुमान हैं। उनके होते हुए हमें चिंता करने की आवश्यकता नहीं है। वे पल झपकते ही जानकीजी का समाचार लेकर आ जाएँगे। उन्होंने तीनों लोक का तेज पाया है, उनका बल अपार है। यदि वे ठान लें तो एक दिन में ही कई बार लंका जाकर लौट आएँगे। वे बड़े बलवान् हैं। उनका शरीर वज्र के समान है। उन्हें भला कौन रोक सकता है? यह कहकर जांबवंत ने हनुमान को पास बुलाया और प्रेम भरे स्वर में बोले, हे

पवनपुत्र! जानकी का पता लगाने का दायित्व तुम स्वीकार कर श्रीराम का कार्य संपन्न करो। तुम लंका के घर-घर, महल-महल में घूमकर देख लेना, वन और कंदराएँ भी छान डालना। उनके मिलने पर उन्हें श्रीराम की यह अँगूठी देना। हनुमानजी ने इस दायित्व को स्वीकार कर लिया और अपने शरीर को विशालकाय पर्वत शिखर पर चढ़ गए। उन्होंने भयंकर हुंकार का शब्द किया, जिससे तीनों लोक काँप उठे; सूर्य का रथ भी डगमगा गया। फिर विशालकाय पक्षी की भाँति उड़ते हुए लंका की ओर चल पड़े। उनके इस पराक्रम को देखकर समस्त वानर किलकारी मारने लगे। मार्ग में राक्षसी सुरसा ने हनुमान को खाने के लिए मुख खोल लिया। वे उसके मुख में घुसकर बाहर निकल आए। इस प्रकार उसे संतुष्ट कर वे आगे बढ़ चले। सूरदास कहते हैं कि श्रीराम के प्रताप एवं बल से वे क्षण भर में समुद्र पार हो गए।

गयौ कूदि हनुमंत जब सिंधु-पारा।
सेष के सीस लागे कमठ-पीठि सौं, धँसे गिरिबर सबै तासु भारा॥
लंक-गढ़ माहिं अकास मारग गयौ, चहूँ दिसि बज्र लागे किंवारा।
पौरि सब देखि सौ असोक-बन मैं गयौ, निरखि सीता छप्यौ बृच्छ-डारा॥
सोच लाग्यौ करन, यहै धौं जानकी, कै कौऊ और मोहि नहिं चिन्हारा।
'सूर' अकासबानी भई तबै तहँ, यहै बैदेहि है, करु जुहारा॥

हनुमानजी जब कूदकर समुद्र के पार गए, तब शेषनाग का सिर कच्छप की पीठ से जा लगे; बड़े-बड़े पर्वत भी धरती में धँस गए। लंका का दुर्ग वज्र के समान कठोर हीरों से बना हुआ था। हनुमानजी ने आकाश मार्ग से इस दुर्ग में प्रवेश किया। संपूर्ण नगर में भ्रमण कर अंत में वे अशोक वाटिका में गए। वहाँ सीताजी अशोक वृक्ष के नीचे बैठी हुई थीं। वे उसी वृक्ष के ऊपर छिप गए और सोचने लगे कि मुझे माता जानकी की पहचान नहीं है। पता नहीं वृक्ष के नीचे बैठी हुई स्त्री माता जानकी है या कोई और? सूरदास कहते हैं कि तभी आकाशवाणी हुई कि ये ही माता जानकी हैं। इन्हें प्रणाम करो।

त्रिजटा-सीता संवाद

रावन सोच करत मन माहीं।
सेन मोरि मंदिर कौं उलट्यौ, गयौ त्रिजटा के पाहीं॥

दस सिर बदन सिधारियौ, बहु राछसि सुबिचारि।
कछु छल-बल करि देखिहौं जौ मानै सीता नारि॥
त्रिजटी कहै सुबानि सौं मोहि रजायस होइ।
जनक-सुता पतिबर्त तैं और न टारै कोइ॥
हरषवंत त्रिजटी भई गई सिया कैं पास।
पूरन सुखरू पाइहैं सो लाये छाँड़ि उसास॥
तिबई दुखित बई लहै देखौ मनहिं बिचारि।
जोबन चंचल थिर नहीं ज्यौं कर-अँजुरी-बारि॥
बलकल पहरन, फल भखन, त्रिन-संथर श्रीराम।
तिनहीं कहा सुख हेत सौं असुर-सुंदरि सौं काम॥
सिया-बचन त्रिजटी सुनै, अस नहिं भाष बहोरि।
'सूर' संघ ही सिर दियो, जंबुक कोटि करोरि॥

चिंतित रावण सेना सहित अशोक वाटिका से महल में लौट आया तथा स्वयं त्रिजटा के पास गया। फिर वह कक्ष में बैठकर अन्य राक्षसियों के साथ विचार-विमर्श करने लगा कि छल या बल—किसी भी तरह जानकी उसकी बात मान जाए। जानकीजी के पास जाने का सुनहरा अवसर समझकर त्रिजटा ने परामर्श दिया कि हे राक्षसराज! मुझे आज्ञा दीजिए। मेरे अतिरिक्त सीताजी को पतिव्रत-धर्म से कोई विमुख नहीं कर सकता। रावण ने उसे आज्ञा दे दी। त्रिजटा प्रसन्नतापूर्वक सीताजी के पास गई और उन्हें निश्‍िंचत होने का आश्‍वासन दिया। तब सीताजी ने कहा कि त्रिजटा! यह मेरे किए का ही फल है, उसी का दुःख मैं भोग रही हूँ। त्रिजटा उन्हें समझाते हुए बोली, युवावस्था कभी स्थिर नहीं रहती। यह उसी प्रकार नाशवान् है जैसे अंजुलि में लिया जल। श्रीराम पेड़ों की छाल पहनते हैं, वन के कसैले फल खाते हैं। उनसे प्रेम करके तुम्हें क्या सुख मिलेगा? राक्षसराज रावण को स्वीकार करके सुंदर असुर रानियों की तरह तुम भी संसार के समस्त भोगों का भोग करो। त्रिजटा की बात सुनकर सीताजी कहती हैं कि फिर ऐसी बात मत कहना। संसार में रावण जैसे करोड़ों सूर्य हैं, लेकिन मैंने स्वयं श्रीराम रूपी सिंह को अर्पित कर दिया है। वे ही मेरे एकमात्र स्वामी हैं।

अगम पंथ अति दूरि जानकी, मोहि पंथ-श्रम ब्याप्यौ।
कछू भयौ छुधा रत तबहीं सत जोजन जल माप्यौ॥

मात! रजायस देहु मोहि तौ देखौं बन जाइ।
किछु माँगत फल पाइए, फाँदत भुजबल होइ॥
मूल-मूल लंकेस के बैठे हनू असोच।
जाउ पुत्र मनसा फुरौ, भलो होउ कै पोच॥
तब मन मैं फूल्यौ हनू, प्रगट्यौ बन-उद्यान।
आपुन सूरज देखि हैं 'सूर' जु रामचंद्र की आन॥

हनुमानजी कहते हैं कि हे माते! यहाँ तक आने का मार्ग बहुत दुर्गम था; चलकर आने से मुझे थकावट हो गई है। सौ योजन का समुद्र पार करने के कारण मुझे भूख भी लग गई है। अत: हे माते! यदि आज्ञा हो तो अशोक वाटिका के रक्षकों से कुछ फल माँग लूँ। इससे मुझमें कुछ बल आएगा। यह कहकर वे रावण के अंत:उद्यान में निर्भय होकर बैठे हुए हैं। तब जानकीजी ने उन्हें इच्छानुसार कार्य करने की आज्ञा दे दी। हनुमानजी आनंद में भर गए। सूरदास कहते हैं कि श्रीराम की शपथ, हनुमानजी तब तक अमर रहेंगे जब तक सूर्य का अस्तित्व है। इन्हें किसी से कोई भय नहीं है।

लंका-दहन

मंत्रिनि नीकौ मंत्र बिचार्‌यौ।
राजन कहौ दूत काहू कौ, कौन नृपति है मार्‌यौ॥
इतनी सुनत बिभीषन बोले, बंधू पाइ परौं।
यह अनरीति सुनी नहिं स्रवननि, अब नइ कहा करौ॥
हरी बिधाता बुद्धि सबनि की, अति आतुर ह्वै धाए।
सन अरु सूत, चीर-पाटंबर, लै लंगूर बँधाए॥
तेल-तूल पावक-पुट धरि कै, देखन चहैं जरौ।
कपि मन कह्यौ भली मति दीनी, रघुपति-काज करौं॥
बंधन तोरि, मोरि मुख असुरनि, ज्वाला प्रगट करी।
रघुपति-चरन-प्रताप 'सूर' तब, लंका सकल जरी॥

मंत्रियों ने रावण को परामर्श देते हुए कहा कि हे राक्षसराज! आज तक किसी भी राजा ने किसी दूत को नहीं मारा। इसलिए इसे मारने के स्थान पर आप इसकी पूँछ जला दें। विभीषण भी उसे समझाते हुए बोले कि भैया! मैं आपके पैर पड़ता हूँ। ऐसा अन्याय कहीं सुना नहीं गया; आप इसे मारने की बात न करें। तब

रावण ने हनुमान को मारने का विचार त्याग दिया। लेकिन भगवान् ने उसकी बुद्धि का हरण कर लिया था, अत: बिना परिणाम की चिंता किए उसने हनुमान की पूँछ जलाने की आज्ञा दे दी। सेवक तेजी से गए और सन, सूत एवं चिथड़े ला-लाकर पूँछ में लपेटने लगे। फिर पूँछ को तेल से भिगोकर उसमें आग लगा दी। हनुमानजी ने भगवान् राम का स्मरण किया और बंधन तोड़कर लंका-दहन के लिए उड़ चले। सूरदास कहते हैं कि श्रीराम के प्रताप से हनुमान ने संपूर्ण लंका को भस्म कर डाला।

लंका हनुमान सब जारी।
राम-काज, सीता की सुधि लगि, अंगद-प्रीति बिचारी॥
जा रावन की सकति तिहूँ पुर, कोउ न आज्ञा टारी।
ता रावन के अछत, अछयसुत-सहित सैन संहारी॥
पूँछ बुझाइ गए सागर-तट, जहँ सीता की बारी।
कर दंडवत, प्रेम पुलकित ह्वै, मह्यौ सुनि राघव-प्यारी॥
तुम्हरेहिं तेज-प्रताप रही बचि, तुम्हरी यहै अटारी।
'सूरदास' स्वामी के आगैं, जाइ कहौं सुख भारी॥

श्रीराम के कार्य को संपन्न करने, सीताजी का समाचार लेने तथा अंगद का प्रिय कार्य करने के उद्‌देश्य से हनुमान ने लंका का दहन कर दिया। जिस रावण की आज्ञा का उल्लंघन तीनों लोकों में कोई नहीं कर सकता था, हनुमान ने उसके पुत्र अक्षयकुमार को देखते-ही-देखते मार डाला। सूरदास कहते हैं कि लंका-दहन के उपरांत हनुमानजी ने समुद्र के जल में पूँछ बुझाई और सीताजी के पास पहुँच गए। उन्हें प्रणाम कर उन्होंने विनम्र स्वर में कहा कि हे माते! आपके और श्रीराम के प्रताप के कारण यह वाटिका जलने से बच गई। अब मुझे आज्ञा दें। मैं स्वामी के पास जाकर उन्हें आपकी कुशल-क्षेम का समाचार सुनाता हूँ।

लंकाकांड

सीय-सुधि सुनत रघुबीर धाए।
चले तब लखन, सुग्रीव, अंगद, हनू, जामवंत, नील, नल सबै आए॥
भूमि अति डगमगी, जोगिनी सुनि जगी, सहस-फन सेस कौ सीस काँप्यौ।
कटक अगिनित जुर्‌यौ, लंक खरभर पर्‌यौ, सूर कौ तेज धर-धूरि-ढाँप्यौ॥
जलधि-तट आइ रघुराइ ठाढ़े भए, रिच्छ-कपि गरजि कै धुनि सुनायौ।
'सूर' रघुराइ चितए हनूमान दिसि, आइ तिन तुरतहीं सीस नायौ॥

हनुमानजी द्वारा सीताजी का समाचार पाकर श्रीराम कुछ देर के लिए दु:खी हो गए। फिर क्रोध में भरक़र उन्होंने सेना सहित लंका पर आक्रमण कर दिया। उनके साथ-साथ लक्ष्मण, हनुमान, सुग्रीव, जांबवंत, अंगद, नल, नील आदि वानर भी चल पड़े। उनके कदमों के भार से पृथ्वी धँसने लगी, सहस्र फनों वाले शेषनाग भी विचलित हो गए। उस समय इतनी सेना एकत्रित हो गई जिसकी गणना करना असंभव था। श्रीराम के सेना सहित आगमन की बात सुनकर लंका में खलबली मच गई। समुद्र-तट पर आकर उन्होंने डेरा जमा लिया। वानर और रीछ भयंकर गर्जन करते हुए आकाश को गुंजायमान करने लगे। सूरदास कहते हैं कि श्रीराम द्वारा देखने पर हनुमान ने मस्तक झुकाकर उन्हें प्रणाम किया।

विभीषण-रावण संवाद

लंकपति कौं अनुज सीस नायौ।
परम गंभीर रनधीर दसरथ-तनय, कोप करि सिंधुके तीर आयौ॥
तीस कौं लै मिलौ, यह मतौ भलौ, कृपा करि ममबचन मानि लीजै।
ईस कौ ईस, करतार संसार कौ, तासु पद-कमल पर सीस दीजै॥
कह्यौ लंकेस दै ठेस पग की तबै, जाहि मति-मूढ़, कायर, डरानी।
जानि असरन-सरन, 'सूर' के प्रभू कौं, तुरतहीं आई द्वारैं तुलानौ॥

छोटे भाई विभीषण ने लंकापति रावण को प्रणाम कर प्रार्थना करते हुए कहा कि भ्राताश्री! अत्यंत गंभीर, युद्ध में धैर्यशील, राजा दशरथ के पुत्र राम सेना सहित समुद्र के किनारे तक पहुँच चुके हैं। अत: आप जानकीजी को साथ लेकर उनकी शरण में चले जाएँ और क्षमा माँगकर उनसे संधि कर लें। वे सर्वेश्वर, विश्व-निर्माता, परम दयालु हैं। उनके चरण-कमलों में आप अपना मस्तक रख दें। लेकिन विधाता ने रावण की बुद्धि हर ली थी। वह विभीषण को ठोकर मारकर बोला—हे मूढ़मति! कायर! तू उस वनवासी से डर गया है। इसलिए इसी समय मेरी नजरों से दूर हो जा। सूरदास कहते हैं कि मेरे स्वामी को शरण देनेवाले समझकर विभीषण उनके शिविर में पहुँच गए।

रावण-मंदोदरी संवाद

रे पिय! लंका बनचर आयौ।
करि परिपंच हरी तैं सीता, कंचन-कोट ढहायौ॥

तब तैं मूढ़ मरम नहिं जान्यौ, जब मैं कहि समुझायौ।
बेगि न मिलौ जानकी लै कै, रामचंद्र चढ़ि आयौ॥
ऊँची धुजा देखि रथ ऊपर, लछिमन धनुष चढ़ायौ।
गहि पद 'सूरदास' कहै भमिनि, राज बिभीषन पायौ॥

मंदोदरी बोली, प्रियतम! तुमने छल द्वारा सीताजी का हरण किया है। इसलिए श्रीराम सेना सहित लंका आए और स्वर्णयुक्त लंका को ध्वस्त कर दिया। मैंने जब-जब समझाया, आपने मूर्खतावश उसे अनसुना कर दिया। नाथ! अभी भी समय है। सीताजी को लेकर आप श्रीराम की शरण में चले जाओ। अन्यथा उन्होंने लंका पर चढ़ाई कर दी है। उनके रथ की ऊँची ध्वजा को देखें; लक्ष्मण ने भी धनुष चढ़ा लिया है। सूरदास कहते हैं कि रावण के पैर पकड़कर मंदोदरी उसे समझाती है कि प्रभु ने विभीषण का राजतिलक कर दिया है, अब आप उनकी शरण में जाकर अपने प्राण बचा लें।

रावन! तेरी मृत्यु तुलानी।
जानति हौं, तबही तैं सीता तैं अपनैं हरि आनी॥
राघव-से प्रभु बरन सैं दुर्जन! कनक अवास।
मोहि न देखत आवई, तौ लौं कंठ उसास॥
लच्छि होइ तौ दीजिए, नाम लेत संसार।
लच्छि-बिहीनै पुरुष कौं मारत, मरत सिंगार॥
अब तोकौं याही बनै, बिना जीव की बात।
'सूरदास' तो पन रहै रामचंद्र के हाथ॥

रावण के क्रुद्ध होने पर मंदोदरी कहती है कि हे स्वामी! आपकी मृत्यु आ गई है। यही कारण है कि आप जानकी का हरण कर उन्हें यहाँ ले आए। अरे! भगवान् श्रीराम से शत्रुता करके आप स्वर्णपुरी में रहना चाहते हैं? लेकिन मैं जानती हूँ कि ऐसा करके आप जीवित नहीं रह सकते। यह सुनकर रावण ने कहा कि यदि अपने पास लक्ष्मी हो, तभी उसका दान किया जाता है। और इसी से संसार में सुयश प्राप्त होता है। लेकिन जो पुरुष लक्ष्मी-विहीन होता है, उसे सभी तिरस्कृत करते हैं। ऐसी स्थिति में उस पुरुष का मर जाना ही श्रेष्ठ है। जानकी लक्ष्मी के समान है और मैं जीवित रहते हुए उसे जाने नहीं दूँगा। सूरदास कहते हैं कि मंदोदरी ने रावण से कहा कि अब प्राण त्यागने के अतिरिक्त आपके पास और कोई उपाय नहीं है। श्रीराम के हाथों मरने पर ही तुम्हारी सद्‌गति होगी।

सेतु-बंधन

रघुपति चित्त बिचार कर्‌यौ।
नातौ मानि सगर सागर सौं, कुस-साथरी पर्‌यौ॥
तीनि जाम अरु बासर बीते, सिंधु गुमान भर्‌यौ।
कीन्हौ कोप कुँवर कमलापति, तब कर धनुष धर्‌यौ॥
ब्रह्म-बेष आयौअति ब्याकुल, देखत बान डर्‌यौ।
द्रुम-पषान प्रभु बेगि मँगायौ, रचना सेतु कर्‌यौ॥
नल अरु नील बिस्वकर्मा-सुत, छुवत पषान तर्‌यौ।
'सूरदास' स्वामी प्रताप तें, सब संताप हर्‌यौ॥

श्रीरघुनाथ ने मन-ही-मन विचार किया और अपने पूर्वज राजा सगर एवं समुद्र के बीच का संबंध जानकर वे प्रार्थना करने बैठ गए। इस प्रकार प्रार्थना करते हुए तीन दिन और तीन रातें बीत गईं। लेकिन अभिमानी समुद्र ने उस पर ध्यान नहीं दिया। तब क्रोधित होकर श्रीरघुनाथ ने धनुष धारण किया और उस पर बाण चढ़ा लिया। बाण देख समुद्र भयभीत हो उठा और ब्राह्मण वेश बनाकर प्रभु के समक्ष उपस्थित हुआ। फिर उसके परामर्श से श्रीराम ने वृक्ष एवं पत्थर मँगवाकर शीघ्रतापूर्वक पुल का निर्माण कराया। वानर सेना में विश्वकर्मा के नल-नील नामक दो पुत्र थे। उनके स्पर्श मात्र से पत्थर पानी में तैरने लगे। सूरदास कहते हैं कि प्रभु ने अपने तेज से मेरे समस्त कष्टों को दूर कर दिया।

सिंधु-तट उतरे राम उदार।
रोष बिषम कीन्हौ रघुनंदन, सिय की बिपति बिचार॥
सागर पर गिरि गिरि पर अंबर, कपि घन के आकार।
गरज-किलक-आघात उठत, मनु दामिनि पावस-झार॥
परत फिराइ पयोनिधि भीतर, सरिता उलटि बहाईं।
मनु रघुपति-भयभीत सिंधु, पत्नी प्यौसार पठाई॥
बाला-बिरह दुसह सबही कौं, जान्यौ राजकुमार।
बानबृष्टि स्रोनित कर सरिता, ब्याहत लगी न बार॥
सुबरन लंक-कलस-आभूषन, मनि-मुक्ता-गन हार।
सेतु-बंध करि तिलक, 'सूर' प्रभु रघुपति उतरे पार॥

पुल बाँधने के बाद श्रीराम सेना सहित समुद्र-पार उतर गए। उन्होंने तट

पर ही पड़ाव डाल लिया। जानकीजी की विपत्ति के बारे में सोचकर श्रीराम भयंकर क्रोध करने लगे। सेतुबंध में पत्थर एवं वृक्षों के अतिरिक्त अनेक पर्वत भी थे। उन पर्वतों से पार आते वानरों का समूह विशालकाय बादलों के समान प्रतीत होता था। उनके गर्जन और किलकारियों से ऐसा प्रतीत होता था मानो बिजली के घोष के साथ वर्षा ऋतु की झड़ी लग गई हो। श्रीराम ने समझ लिया था कि स्त्री-वियोग का दुःख सभी के लिए असहनीय होता है। अतः बाणों की वर्षा कर रक्त की नदी प्रवाहित करके समुद्र का विवाह करा देने में उन्हें देर नहीं लगी। इस विवाह में स्वर्णयुक्त लंका मानो कलश थी, रणभूमि में बिखरे मणियों और मोतियों की मालाएँ आभूषण थे। सूरदास कहते हैं कि समुद्र के मस्तक पर सेतुबंधन रूपी तिलक लगाकर ही श्रीराम पार उतरे।

अंगद-रावण संवाद

मोकौं राम-रजायसु नाहीं।
नातरु सुनि दसकंध निसाचर, प्रलय करौं छिन माहीं॥
पलटि धरौं नव-खंड पहुमि तल, जो बल भुजा सम्हारौं।
राखौं मेलि भँडार सूर-ससि, नभ कागद ज्यौं फारौं॥
जारौं लंक, छेदि दस मस्तक, सुर-संकोच निवारौं।
श्रीरघुनाथ-प्रताप चरन करि उर तैं भुजा उपारौं॥
रे-रे चपल बिरूप, ढीठ, तू बोलत बचन अनेरौ।
चितवै कहा पानि-पल्लव-पुट, प्रान प्रहारौं तेरौ॥
केतिक संख जुगै जुग बीते, मानव असुर-अहेरौ।
तीनि लोक बिख्यात ब्रिसद जस, प्रलय नाम है मेरौ॥
रे-रे अंध! बीसहू लोचन, पर-तिय हरन बिकारी।
सूने भवन गवन तैं कीन्हौ, सेष-रेख नहिं टारी॥
अजहूँ कह्यौ सुनै जो मेरौ, आए निकट मुरारी।
जनक-सुता लै चलि, पाइनि परि, श्रीरघुनाथ-पियारी॥
'संकट परैं जो सरन पुकारौं, तौ छत्री न कहाऊँ।
जन्महि तैं तामस आराध्यौ, कैसैं हित उपजाऊँ॥
अब तौ 'सूर' यहै बनि आई, हर को निज पद पाऊँ।
ये दस सीस ईस-निरमायल, कैसैं चरन छुवाऊँ'॥

श्रीराम रावण को क्षमा माँगने का एक ओर अवसर देना चाहते थे, अतः उन्होंने अंगद को दूत बनाकर लंका में भेजा। रावण की सभा में खड़े होकर अंगद गरजते हुए कहते हैं, "हे रावण! श्रीराम ने मुझे आज्ञा नहीं दी, अन्यथा मैं एक पल में ही प्रलय ला देता। यदि मैं अपना बाहुबल दिखा दूँ तो पृथ्वी के नौ खंडों को उलटकर नीचे कर दूँ, सूर्य एवं चंद्रमा को अपने भंडार में डाल दूँ, आकाश को फाड़ डालूँ, लंका को भस्म कर दूँ, तेरे दस मस्तक काटकर देवताओं का भय हर लूँ।" अंगद की ललकार सुनकर रावण भी क्रुद्ध होकर बोला, "हे मूर्ख कपि! हे ढीठ कुरूप! तू बहुत बढ़-चढ़कर बात कर रहा है। मैं अपने हाथों से तेरे प्राण हर लूँगा। मेरा नाम ही प्रलयंकारी है। मेरा यश तीनों लोकों में विख्यात है।" उसकी बात काटते हुए अंगद ने कहा, "हे बीस नेत्रोंवाले अंधे! पराई स्त्री का हरण करनेवाले पापी! लक्ष्मण रेखा पार नहीं कर पाया तो तूने छलपूर्वक जानकीजी का हरण कर लिया। लेकिन अभी भी समय है, जानकीजी को साथ लेकर श्रीराम की शरण में चलो और उनसे अपने अपराध की क्षमा माँग ले।" सूरदास कहते हैं कि तब रावण सोचने लगा कि यदि मैं श्रीराम की शरण में चला गया तो क्षत्रिय नहीं कहलाऊँगा। फिर जन्म से ही मैंने तमोगुण की साधना की है, अब भक्ति किस प्रकार पैदा करूँ? उचित यही है कि मैं मरकर भगवान् शिव का धाम प्राप्त करूँ। ये दस मस्तक भगवान् शिव के समक्ष चढ़ चुके हैं, इन्हें श्रीराम के चरणों से कैसे स्पर्श करवाऊँ?

लक्ष्मण की प्रतिज्ञा

रघुपति! जो न इंद्रजित मारौं।
तौ न होउँ चरननि कौ चेरौ, जौ न प्रतिज्ञा पारौं॥
यह दृढ़ बात जानियै प्रभु जू! एकहिं बान निवारौं।
सपथ राम परताप तिहारे, खंड-खंड करि डारौं॥
कुंभकरन, दस सीस बीस भुज, दानव-दलहि बिदारौं।
तबै 'सूर' संधान सफल हौं, रिपु कौ सीस उतारौं॥

सूरदास कहते हैं कि युद्ध के समय लक्ष्मण ने श्रीराम से कहा कि यदि मेघनाद को मारने की प्रतिज्ञा पूर्ण नहीं कर सका तो मैं आपके श्रीचरणों का सेवक नहीं। हे प्रभु! आप विश्वास कीजिए, मैं एक बाण से ही उसका काम तमाम कर दूँगा। आपकी शपथ! मैं उसके टुकड़े-टुकड़े कर दूँगा। कुंभकर्ण सहित रावण के

दस सिर, बीस भुजाओं और उसकी राक्षस सेना का संहार कर दूँगा। मेरे धनुष पर चढ़ा हुआ बाण तभी सफल होगा, जब वह शत्रु का मस्तक काट देगा।

श्रीराम के प्रति हनुमानजी की प्रार्थना

रघुपति! मन संदेह न कीजै।
मो देखत लछिमन क्यौं मरिहैं, मोकौं आज्ञा दीजै॥
कहौ तौ सूरज उगन देउँ नहिं, दिसि-दिस बाढ़ै ताम।
कहौ तौ गन समेत ग्रसि खाऊँ, जयपुर जाइ न, राम॥
कहौ तौ कालहि खंड-खंड करि, टूक-टूक करि काटौं।
कहौ तौ मृत्युहि मारि डारि कै, खोदि पतालहि पाटौं॥
कहौ तौ चंद्रहि लै अकास तैं, लछिमन मुखहिं निचोरौं।
कहौ तौ पैठि सुधा के सागर, जल समस्त में धौरौं॥
श्रीरघुबर! मोसौ जन जाके, ताहि कहा सँकराई।
'सूरदास' मिथ्या नहिं भाषत, मोहि रघुनाथ-दुहाई॥

सूरदास के शब्दों में हनुमान कहते हैं कि हे रघुनाथ! आप कोई संदेह न करें। मेरे रहते हुए लक्ष्मणजी का कोई अहित नहीं हो सकता। आप मुझे उनके साथ जाने की आज्ञा दें। यदि आप कहें तो मैं सूर्य को निकलने से रोक दूँ अथवा यमलोक जाकर यमराज का उनके दूतों के साथ भक्षण कर लूँ। आप कहें तो मैं काल के छोटे-छोटे टुकड़े कर डालूँ, मृत्यु को भी मार डालूँ, पृथ्वी को पाताल तक खोद दूँ। आकाश से चंद्रमा को लाकर लक्ष्मणजी के मुख में निचोड़ दूँ अथवा अमृत लाकर उसे समुद्र में घोल दूँ। हे राघवजी! जिसका मेरे जैसा सेवक है, उसे किस बात का डर है! हे भगवन्! आपकी शपथ, मैं कोई बात झूठी नहीं कर रहा।

हनुमान संजीवनि ल्यायौ।
महाराज रघुबीर धीर कौं हाथ जोरि सिर नायौ॥
परबत आनि धर्‌यौ सागर-तट, भरत-सँदेस सुनायौ।
'सूर' सँजीवनि दै लछिमन कौं मूर्छित फेरि जगायौ॥

सूरदास कहते हैं कि हनुमानजी संजीवनी बूटी लेकर लंका पहुँच गए। हाथ जोड़कर उन्होंने भगवान् राम को प्रणाम किया। फिर पर्वत को समुद्र के

किनारे रखकर प्रभु को भरत का समाचार सुनाया। फिर लक्ष्मणजी को संजीवनी बूटी खिलाकर उन्हें पुनः सचेत कर दिया।

राम-रावण का युद्ध

आजु अति कोपे हैं रन राम।
ब्रह्मादिक आरूढ़ बिमाननि, देक्खत हैं संग्राम॥
घन-तन दिब्य कवच सजि करि, अरु कर धार्‌यौ सारंग।
सुचि कर सकल बान सूधे करि, कटि-कट कस्यौ निषंग॥
सुरपुर तैं आयौ रथ सजि कै, रघुपति भए सवार।
काँपी भूमि, कहा सब ह्वैहै, सुमिरत नाम मुरारि॥
छोभित सिंधु सेष-सिर कंपित, पवन भयौ गति पंग।
इंद्र हँस्यौ हर हिय बिलखान्यौ, जानि बचन कौ भंग॥
धर-अंबर, दिसि-बिदिसि, बड़े अति सायक किरन समान।
मानौ महाप्रलय के कारन, उदित उभय षट भान॥
टूटत धुजा-पताक-छत्र-रथ चाप-चक्र-सिरत्रान।
जूझत सुभट, जरत ज्यौं दव द्रुम, बिनु साखा बिनु पान॥
स्रोनित-छिंछ उछरि आकासहिं, गज-बाजिनि-सिर लागि।
मानौ निकरि तरनि-रंध्रनि तैं, उपजी है अति आगि॥
परि कबंध भहराइ रथनि तैं, उठत मनौ झर जागि।
फिरत सृगाल सज्यौ सव काटत, चलत सो सिर लै भागि॥
रघुपति-रिस पावक प्रचंड अति, सीता-स्वास समीर।
रावन-कुल अरु कुंभकरन बन सकल सुभट रनधीर॥
भए भस्म, कछु बार न लागी, ज्यौं ज्वाला पट-चीर।
'सूरदास' प्रभु आपु-बाहुबल, कियौ निमिष मैं कीर॥

आज संग्राम में श्रीराम अत्यंत क्रोधित हो गए। ब्रह्मादि देवगण आकाश में खड़े होकर इस भयंकर युद्ध को देख रहे थे। प्रभु ने शरीर पर श्यामवर्ण का दिव्य कवच धारण किया और तरकश को कमर में बाँधकर हाथ में धनुष ले लिया। देवपुरी से दिव्यास्त्रों से सुसज्जित रथ आया। श्रीराम उस पर सवार हो गए। उसके चलने से पृथ्वी काँपने लगी तथा भयभीत होकर प्रभु के नाम का सुमिरन करने लगी। समुद्र में हलचल मच गई, शेषनाग का सिर काँपने लगा तथा वायु की गति रुक गई। रावण

की मृत्यु निकट जानकर देवराज इंद्र प्रसन्नता से भर उठे और अपने वचन को भंग होता देखकर शिवजी दुःखी हो गए। पृथ्वी और आकाश बाणों से भर गए; ध्वजाएँ एवं पताकाएँ, छत्र, रथ, धनुष आदि टूटने लगे। युद्ध में शूरवीर ऐसे कटकर गिरने लगे मानो अग्नि से जलकर वृक्ष भस्म हो रहे हों। चारों ओर सियार घूम रहे हैं, जो वीरों के मस्तक कटते ही उन्हें लेकर भाग जाते हैं। श्रीराम की क्रोध रूपी अग्नि में राक्षस कुल ऐसे भस्म हो गया जैसे अग्नि से वस्त्रों के चीथड़े जल जाते हैं। सूरदास कहते हैं कि प्रभु ने पल भर में ही शत्रु समूह को छिन्न-भिन्न कर दिया।

रावण-उद्धार

रघुपति अपनौ प्रन प्रतिपार्‌यौ।
तोर्‌यौ कोपि प्रबल गढ़, रावन टूक-टूक करि डार्‌यौ॥
कहुँ भुज कहुँ धर कहुँ सिर लोटत, मानौ मद मतवारौ।
भभकत, तरफत स्रोनित मैं तन, नाहीं परत निहारौ॥
छोरे और सकल सुख-सागर, बाँधि उदधि जल खारौ।
सुर-नर-मुनि सब सुजस बखानत, दुष्ट दसानन मारौ॥
डरपत बरुन-कुबेर-इंद्र-जम, महा सुभट पन धारौ।
रह्यौ मांस कौ पिंड, प्रान लै गयौ बान अनियारौ॥
नव ग्रह परे रहै पाटी तर, कूपहिं काल उसारौ।
सौ रावन रघुनाथ छिनक मैं कियौ गीध कौ चारौ॥
सिर सँभारि लै गयौ उमापति, रह्यौ रुधिर कौ गारौ।
दियौ बिभीषन राज 'सूर' प्रभु, कियौ सुरनि निस्तारौ॥

रावण को मारकर श्रीराम ने प्रतिज्ञा पूर्ण की। उन्होंने लंका का दुर्ग तोड़ दिया और रावण के टुकड़े-टुकड़े कर दिए। उसकी भुजाएँ, मस्तक, धड़ आदि इधर-उधर बिखर गए। रक्त में डूबा हुआ उसका शरीर कभी फड़कता है तो कभी तड़पता है। देवता, ऋषि और मुनिगण भगवान् राम का सुयश गान कर रहे हैं। रावण का वध कर श्रीराम ने समस्त संसार को सुखी कर दिया। वरुण, कुबेर और यमराज को भी पराजित कर देनेवाला रावण मांस का लोथड़ा बनकर भूमि पर गिरा हुआ है। नवग्रहों को जिसने अपने पलंग के नीचे दबाया हुआ था, काल भी जिसका बंदी था, भगवान् राम ने उसे पल भर में गिद्धों का भोजन बना दिया। शिवजी उसके सिरों को मुंडमाला बनाने के लिए ले गए। सूरदास कहते हैं कि

प्रभु ने लंका का राज्य विभीषण को सौंपकर देवताओं का उद्धार किया।

अग्नि-परीक्षा

लछिमन! रचौ हुतासन भाई।
यह सुनि हनूमान दुख पायौ, मोपै लख्यौ न जाई॥
आसन एक हुतासन बैठी, ज्यौं कुंदन अरुनाई।
जैसे रबि इक पल घन भीतर बिनु मारुत दुरि जाई॥
लै उछंग उपसंग हुतासन, 'निहकलंक रघुराई।'
लई बिमान चढ़ाइ जानकी, कोटि मदन छबि छाई॥
दसरथ कह्यौ देवहू भाष्यौ, ब्यौम बिमान टिकाई।
सिया राम लै चले अवध कौं, 'सूरदास' बलि जाई॥

जानकीजी ने लक्ष्मण से अग्नि प्रज्वलित करने के लिए कहा। यह सुनकर हनुमानजी को बड़ा दुःख हुआ। लक्ष्मण ने उसी समय चिता बनाकर अग्नि प्रज्वलित कर दी। तब सीताजी उसमें आसन लगाकर बैठ गईं। एक क्षण के लिए लगा कि वायु रहित बादलों में सूर्य छिप गया हो। अगले ही क्षण अग्निदेव जानकीजी को लेकर प्रकट हो गए तथा उन्हें श्रीराम को सौंपते हुए बोले कि जानकीजी पूर्णतः निष्कलंक हैं। उसी समय आकाश में उपस्थित देवताओं और राजा दशरथ ने भी यही बात दोहराई। इसके बाद भगवान् राम ने सीताजी को पुष्पक विमान में बिठा लिया। इस प्रकार वे सभी अयोध्या की ओर चल पड़े। इस शोभा पर सूरदास स्वयं को न्योछावर करते हैं।

□□□